云端影像

中国网络视频的产制结构与文化嬗变

曹书乐 —— 著

WATCH ONLINE

The Rise of Online Video in China

华东师范大学出版社

图书在版编目（CIP）数据

云端影像：中国网络视频的产制结构与文化嬗变/曹书乐著.—上海：华东师范大学出版社，2020

ISBN 978-7-5760-0876-0

Ⅰ.①云… Ⅱ.①曹… Ⅲ.①计算机网络—视频系统—产业发展—研究—中国 Ⅳ.①G206.2

中国版本图书馆CIP数据核字（2020）第198208号

云端影像：中国网络视频的产制结构与文化嬗变

著　　者	曹书乐
责任编辑	顾晓清
审读编辑	赵万芬
责任校对	侯心怡　时东明
装帧设计	周伟伟

出版发行	华东师范大学出版社
社　　址	上海市中山北路3663号　邮编　200062
网　　址	www.ecnupress.com.cn
邮购电话	021-62869887
网　　店	http://hdsdcbs.tmall.com/
印 刷 者	杭州日报报业集团盛元印务有限公司
开　　本	890×1240　32开
印　　张	8.375
字　　数	155千字
版　　次	2020年9月第1版
印　　次	2020年9月第1次
书　　号	ISBN 978-7-5760-0876-0
定　　价	59.00元
出 版 人	王焰

（如发现本版图书有印订质量问题，请寄回本社市场部调换或电话021-62865537联系）

目 录

导言 \ 001

第一章　网络视频研究十五年 \ 001
第二章　政策、资本与技术：中国网络视频产制模式变迁 \ 025
第三章　注意力、内容与增值服务：中国网络视频的三元营收模式 \ 063
第四章　从山海经到玄幻剧：传统文化的创造性转化 \ 103
第五章　霸道总裁甜宠我：男性气质的变迁 \ 129
第六章　劳有所得：短视频平台上的创意劳动 \ 171
第七章　网络视频治理（上）：阶段与议题 \ 201
第八章　网络视频治理（下）：多元主体共治 \ 225

致谢 \ 251

导　言

一

时至今日，网络视频已是互联网平台上最主流、最普及的应用之一。

截止到 2020 年 3 月，我国网络视频（含短视频）用户规模达 8.5 亿，较 2018 年底增加 1.26 亿，占网民整体的 94.1%。其中短视频用户规模为 7.73 亿，较 2018 年底增加 1.25 亿，占网民整体的 85.6%。①

2019 年 12 月中国 8.97 亿手机网民常使用的各类 APP 中，网络视频（不含短视频）和短视频的使用时间分列第二位和第三位，分别占据了中国手机网民使用时间的 13.9% 和 11.0%。

---

① 中国互联网络信息中心，2020，《第 45 次中国互联网络发展状况统计报告》，http://www.cac.gov.cn/rootimages/uploadimg/1589535470391296/1589535470391296.pdf。

两者的使用时间合并起来,为24.9%,远超排名第一的即时通信类APP(14.8%)。如果再加上网络直播的使用时间(4.5%),将达到29.4%。[①]

由此可见:

第一,我国网络视频行业规模近年来增长迅猛,短视频行业更是其中增速最快的部分。

第二,网络视频行业已经成熟,用户覆盖率逼近我国网民总体,用户数未来增速将趋于平缓。

第三,网络视频(含短视频)已经成为我国手机网民花费时间最多的内容和应用。中国人接近三分之一的手机上网时间被投入到网络视频之中。

二

在视听内容提供与文化创造方面,网络视频业与传统电视业、电影业已然鼎足而立,甚至在某些领域尤有胜之。头部视频网站不再局限于播出平台的角色,而逐渐演化成具有内容生产、渠道掌控、资源整合、投资并购等多种功能的主体。推陈出新的网络剧、网络综艺节目、短视频、直播等形态突破了传统影视的界限。由此,网络视频与传统影视业形成了复杂的竞

[①] 中国互联网络信息中心,2020,《第45次中国互联网络发展状况统计报告》,http://www.cac.gov.cn/rootimages/uploadimg/1589535470391296/1589535470391296.pdf。

合关系——一方面分流收视或票房、抢夺观众和广告资源,另一方面又为传统影视投资制作者提供新的播出与营收渠道,拓展并巩固其观众群体。

网络视频不仅提供娱乐,还在传递意识形态,提供政治观点;网络视频不仅冲击传统影视业,也正在冲击新闻业、娱乐业和其他行业。网络视频全新的产制模式,建立在大众对社交媒体和视频网站深度使用的基础上,体现了移动互联时代体制性信息生产的危机,及传统媒体的话语权和影响力被自媒体挑战和削弱的趋势。媒体内容和公众的网上表达曾一度经历微博化、微信公众号化,如今正在经历短视频化和直播化。

网络视频对我国现行媒体管理体系和社会管理体系不断提出新的挑战。这个行业出现大约二十年、繁荣不到十年,处于影视、互联网、文化创意三大产业的交汇点。由单个政府部门沿袭影视、互联网或文化的管理惯例来规制网络视频是不够的。

因此,网络视频的背后,交织包容了技术融合、产业结构、资本运营、媒介生态、受众行为、伦理法规等丰富多元的维度,反映了媒体创新与实践的方向,具有很强的现实意义和理论探索的价值。

三

2009年,作者决定将博士后研究定位于"互联网上的播出与收看"。在论证书中,作者写道:"互联网作为跨媒体内容传播平台的威力早已显露,尤其近两年来它对纸质媒体的巨大冲击,更引发了传统媒体新一轮的忧虑。电视目前仍是社会中最主流、受众最广泛的媒体，但各国电视业都已未雨绸缪，一方面要在受众和广告方面与新兴视频网站竞争，另一方面也都在推行自己主导的互联网战略以开辟新的天地。""目前互联网上的电视的传播情况主要有两类：一类是电视台、电视制作机构在自有网站上提供内容，或与专业视频网站开展版权合作；另一类是未经授权的视频内容，由用户通过互联网进行传播。""尽管用户自创的网络视频数量庞大，但从整体品质、商业价值、受众收看心理和习惯上看，都与互联网上传播的专业制作的电视节目不同。"

当时国内只有数十篇论文与上述概念相关，散见于新闻传播类、广播电视类和信息科技类期刊上，以描述性研究为主。但作者已经感觉到，网络视听现象，也即传统影视生产与互联网传播相结合的领域中，将诞生出很多重要的研究话题。

对于这个领域的兴趣，更早可上溯到作者读博期间所关注的美剧在中国的"地下"传播现象。在美剧的传播过程中，字幕组的免费劳动、BT/FTP下载模式、论坛分享推广，意味着互联网在电视剧的跨国传播中起到了重要作用。伴随着美剧的互联网传播，作者也看到以分享为主的视频网站的崛起，及其在版权压力下走向传播正版影视的努力。政府部门的重视，使得网络视频的治理越来越走向正规和合理；资本的进入，改变了网络视频业中的玩家格局。

在完成博士后研究后，作者持续关注着中国视频网站的发展和变化，进行了长期的参与式观察，关注对象包括网上追剧现象、会员付费、直播打赏、弹幕、创意中插、偶像养成网综、B站、短视频和直播等。其间,作者对中国最主要的一些视频网站(也包括若干现已在市场竞争中出局的网站)的管理层人员进行过两轮深度访谈,积累了不少资料。作者也持续观察和分析网络视频生产和管理环节中的典型个案,希望通过探讨具体问题,建构深入且全面的认识。

作者还曾独立或合作参与过相关研究:如对某短视频平台上的创意劳动者进行过大规模问卷调查,对几大网络论坛中有关电视剧的讨论进行过口碑挖掘,对网综创意中插的效果进行过实验研究等。尽管这些研究内容未能直接通过本书呈现,但都加深了作者对于中国网络视频行业、文化与政策的理解,从而也提升了本书的思考深度和广度。

作者主持了国家社科基金一般项目《中国网络视频生产模式及管理研究》,本书中的部分内容和观点也得益于此项研究。

四

本书第一章回顾了人文社科领域近十五年来与中国网络视频相关的学术研究。

第二章聚焦中国网络视频生产制作(production)模式的变迁,尝试揭示其背后的政策与资本的力量以及技术的发展如何形塑了这个产业。本章提出了中国网络视频的六大产制模式,并对这些模式的发生、发展、特点及更迭进行了分析。作者发现,版权规制与准入制形塑了网络视频企业的竞争格局,而资本对盈利的要求，使得自制节目获得极大发展，也使短视频与直播借着技术革新的东风扶摇直上。

第三章进一步对网络视频的营收模式进行探索。首先分析网剧和网络综艺中的新型广告方式"创意中插"——传统广告营销方式在网络视频领域的创新。它模糊了内容与广告的界限，给经典理论带来新的挑战。随后分析了视频网站特有的 VIP 会员制与超前点播现象。本章在探讨网络视频变现方式（monetization）的基础上，重访传播政治经济学中的经典概念"受众商品论"，将之修订为"注意力商品论"，并进一步提出，中国网络视频业的变现实践中存在"注意力、内容与增值服务"的"三元商品论"，丰富和推进了这一经典概念。

新的视频平台实践和新的受众推动着视听节目的类型创新，从题材到内容再到风格的变化，均折射着当下的社会思潮与焦虑。第四章和第五章，便分别探讨了伴随网络视频而兴盛的两种代表性的类型剧——玄幻剧和甜宠剧，并借此讨论了网络视频的文化与消费（consumption）。

第四章提出，从玄幻小说衍生而来的玄幻剧在近期已经成为中国的电视剧新类型，其核心特点在于基于中国传统文化要素建构起了独特的"虚构世界"。通过探究玄幻剧中的时空观、种族观和生死观如何汲取《山海经》等中国古代典籍和其他传统文化元素并进行再创作，以及如何在创作中贴合当代青年的生活经验与情感结构的内核，探讨了中国传统文化在网剧中的创造性转化与创新性发展。本章也批判性地指出，玄幻体系设定之所以如此具体和复杂，更多的是一种产业需求而非叙事必要。

第五章首先对甜宠剧如何从偶像剧和言情剧发展而来,又形成了哪些新的特点进行了讨论。之后结合"性别角色"和"男性气质"的理论概念,探讨了流行媒体文化中"霸道总裁"设定的变化,特别是甜宠剧男主所体现出的新特点,包括创业者品格、禁欲系背后的排他式专宠以及家庭叙事。本章进一步从"凝视"理论概念出发,探讨了新时代女性如何通过集体消费,重新定义了理想化的男性气质。

第六章将视角转向新兴的短视频领域与平台,以抖音为例,讨论了平台上的创意劳动及创意劳动者。本章呈现了对50位具有代表性的创作者的深度访谈的结果,提出在平台经济中,资本逐利的本质固然会导致劳动者的结构性困境,但创作者们也从中获得了就业机会、经济收入、技能知识、社交关系和情感支持,能感受到自我价值、自我实现与幸福,从而增进获得感。

第七章和第八章则将研究重心转向中国网络视频的治理。第七章梳理了中国网络视频管理与规制的发展阶段、适用的政策规定,以及重要的管理议题。第八章从多元主体共治的视角出发,探讨了中国网络视频治理中的四组行为主体:政府主管部门、网络视频服务提供商、网络视听节目服务协会、用户,其角色、相互关系以及面临的问题。

传播政治经济学是本书的重要理论视角。本书将网络视频的产制和治理,与政治因素、经济结构相联系,检视主管部门、意识形态、媒介系统、市场格局、竞争对手、投资回报等带来的深刻影响,观察网络视频业中各主体间的权力关系——是为网络视频所处的"政经结构"。

本书也采用了文化研究的视角,用来理解网络视频生产过程如何受到传统主流文化、价值观和亚文化的影响,现实与符号系统如何通过编码与解码互相建构与呈现,用户如何参与并嵌入到网络视频生产与管理实践中,并生产情感与意义。对于玄幻剧、甜宠剧的讨论或可折射出网络视频带来的"文化嬗变"。

当然传统的影视艺术批评的视角对本书的写作也很重要。借此本书得以剖析网络视频的艺术表现、文本结构、符号意义和思想价值。

在这十数年间,技术加速进化与迭代。影像化作数据,在云端存储、传输和被观看。古人曾感念交通之缓慢,惟有"孤云与归鸟,千里片时间"。如今,一切影像倏忽须臾间,便可从云端传至世界任何终端;更有来自亿万苍生的浮光掠影每分每秒被记录、创造、送上云端。云端影像,不仅是一种娱乐内容、产业模式,更是一种生活方式,甚至是我们的数字化存在。

第一章 网络视频研究十五年

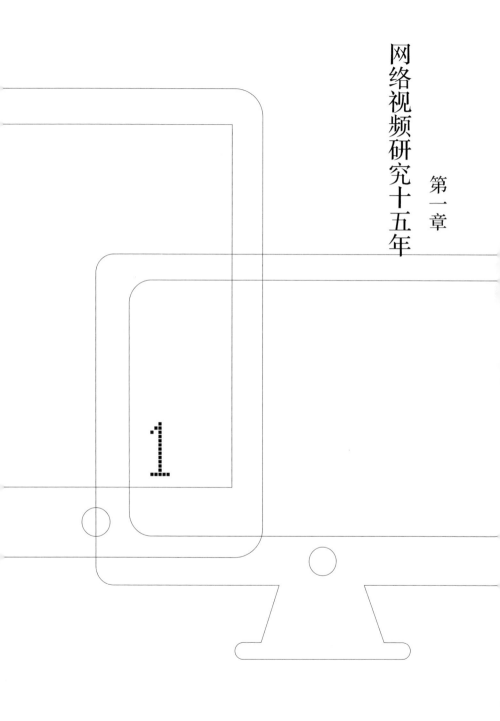

网络视频，在互联网技术、社交媒体与电影电视的交叉地带诞生。对它的学术关注，伴随着网络视频业本身的发生发展，始于技术层面的探讨，滥觞于文化与传播现象的研究，在人文社科领域包含了传播研究、视听研究、文化研究、产业研究、法律研究等维度。

在中国知网（CNKI）文献库中选择"CSSCI"和"北大核心"两类期刊，检索其中篇名或关键字含有"网络视频""视频网站""网络视听""互联网视频"之一的文献。结果显示，截至2019年底共有800篇左右的相关学术期刊论文。文献最早出现在1999年，每年数篇，几年后呈现逐年增多的趋势，其中2013—2017年的年度文献生产量达到最高点。根据CNKI的分类数据，从学科分布来看，接近五分之二的研究属于新闻与传媒类；紧随其后的是电信技术、自动化技术、信息经济、计算机软件及应用、互联网技术等类别，这些加在一起，也接近五分之二。在英文文献库中检索，约有10篇以内的文献与中国网络视频直接有关。近年来也有一些相关中文论著出版。

用同样的关键词检索方式在中文文献库中找到了大约1000篇相关硕博士论文。文献最早出现在2002年，2015—2017年的论文篇数达到最高点,每年超过百篇。在学位论文中,最常见的学科分布分别为电信技术、新闻与传媒、自动化技术、计算机软件及应用、信息经济、互联网技术等。这些论文主要在信息技术领域,所关联的基金项目也主要为各级自然科学基金。新闻传播类只占其中五分之一不到。

因网络直播和短视频应用近年来呈井喷之势,相关研究也紧随而上。单以网络直播或短视频为关键词检索,均有数百篇论文。

纵观上述所有研究成果,最初集中于通信、计算机、控制工程领域,研究者关注技术层面的网络视频监控、传输、服务器等议题。网络视频成为一个文化与传播现象,大概是始于普通创作者胡戈在土豆网上传《一个馒头引发的血案》。新闻传播领域的学者自此开始关注网络视频,研究数量逐年上升。在已有研究中,大致有几个类别:中国网络视频发展历史、传统视听行业的网络转型、视频网站的经营之道、网络视频新形态、网络视频政策法规。在人文社科的学科范式内,现有相关研究总体而言具有一定的理论创新意义和实践参考价值,但其中描述性、规范性研究居多,高质量的阐释性、实证性研究相对较少。

本章对现有相关研究中具有代表性的人文社科领域的文献进行了简要梳理。

从无到有:中国网络视频发展史

梳理中国网络视频这一新兴事物从无到有的发展历程,能为理解中国网络视频业的演进规律和发展趋势提供基础。

从技术概念来说,"网络视频"这一概念随着互联网技术的不断发展同步更新。在早期,它以视频聊天、流媒体视频为代表;而后演变成"以 RM、FLV、MOV、WMV、AVI 等格式为后缀的文件类型",可以通过浏览器、播放软件进行在线观看,也可以进行下载(侯晓林,2015)。而互联网视频传送的形式"因袭了传统电信网络传送信息形式的次序","从最初传送文本方式的信息(电报)到传送语音形式的信息(电话),之后发展为传送视频形式的信息方式(电视)"(聂秀英,2008)。

从网络视频的出现到中国网络视频业的形成,这段发生发展的历史与现状,学者们有不同的梳理。从原生网络视频的视角出发,有学者认为,中国网络视频最早产生于 2005 年在互联网上流传的恶搞视频,以及字幕组翻译的国外电视剧,在这些业余网络视频制作爱好者的推动下,中国网络视频业逐步走向发展的正轨(Li,2017)。从媒体竞合的视角出发,有学者认为,中国网络视频产业的发展是由"传统国有广播电视和天生带有互联网基因的民营视频网站共同推动的",由于传统广电竞争力不强,视频网站由此后来居上(王晓红、谢妍,2016)。

有学者从竞争战略的角度,将中国网络视频发展分为萌芽期、启动期、成长期及进入成熟期这四个阶段(田维钢等,2015)。也有学者对广义上的"中国视频媒体"的生态进行了考察(张海潮、姜雨杉,2014),为全面理解网络视频生态提供了视角。另外,国家广播电视总局发展研究中心团队自 2011 年起连续编写《中国视听新媒体发展报告》蓝皮书,为研究网络视频行业提供了持续的全景观察。2017年,《中国网络视频史》出版,挖掘了史料,梳理了中国网络视频发展的历史脉络(陆地、靳戈,2017)。

学者还基于近年来网络视频产业发展的情况,对网络视频的发展趋势进行了预测。例如认为网络视频产业未来的发展导向包括"以用户为中心"、"以内容为核心"、"以产业链为重心"(马铨、董小染,2016);未来的趋势包括"运营管理平台化、节目生产自制化、节目传播智能化、传播渠道跨屏化、消费体验沉浸化、节目评估多元化"(陈积银、杨廉,2017)。

竞合生长:网络视频与传统视听

网络视频业与传统视听业的关系,是新闻传播学与戏剧影视学的研究者们关注的焦点之一。网络视频究竟是"电视的'补充媒介'还是电视的'终结者'"?学界对这一对关系的认识经历了逐步深入的过程。

在新媒体背景下,传统视听行业遇到巨大挑战。"与电视传媒相比,新媒体在传播内容上更为丰富,传播速度更为快捷,传播范围更为广泛,传播方式互动性更强,且传播手段具有多媒体性,传播模式具有整合性。"传统视听行业遇到了受众流失、广告份额被分流、制作模式受到挑战等多方面冲击(汪鹏,2015)。

在诸多挑战下,传统视听行业积极求变,开疆拓土,开始涉足网络视频行业,"其中台网融合是其转型的必然选择之一"

（周长宏，2016）。随着"媒介融合"、"互联网+"等新概念的提出，传统电视媒体的媒介融合逐渐打破仅局限于内容上的"+互联网"，而运用更深入的"互联网+"思维，从定位、用户、产品、平台、技术等多个维度进行转型（问题、王小龙，2017）。

在传统电视行业向网络视频跨越的过程中，不乏成功的实践。不少研究者对这些案例进行了分析和总结。有研究者从品牌构建的角度分析了湖南卫视芒果TV的一系列实践，为传统广电在新媒体环境下的发展提供指引（周长宏，2016）。也有研究者从媒介管理学角度对媒介融合背景下城市广电媒体产业发展进行研究，为城市广电媒体产业转型提供借鉴（陈慧娟，2015）。地方电视新闻的生存应对策略也成为研究者的关注点。除建立地方电视台新闻资源交换中心、打造地方媒介融合平台外，发掘符合本地特色和受众习惯表达方式等互联网行业"利基市场"的思维方式，也被传统视听行业接受（段鹏，2016）。

国外电视台如何进行媒介融合也成为国内研究者的关注议题（黎斌、谭天，2015；张蓝姗，2016），为国内传统视听行业在新媒体环境下转型提供了借鉴意义。

播音主持是传统视听节目中的重要角色。在网络视频行业中，"节目主持人的行业现状及节目主持人的职业命运引人关注。"研究者发现，在网络视频节目中设置主持人的节目数量占明显优势，其中，职业节目主持人数量更是占绝对优势。这是由于受众对"节目场"具有天然的需求（张国光，2018）。还有研究者分析了网络视频节目主持人的特征以及网络节目主持人的形象塑造（李书贤，2016；吴子骏，2017；时欢，2017）。

而对专业生产和发布内容的视频网站，如 Netflix、爱奇艺、优酷、腾讯视频等展开研究后，有学者将之视为"最具有网络时代特色和市场经济特点的电视传播形式"（郭镇之，2016）。也有学者提出，这两者是不同的媒介形态，网络视频既不是电视的补充，也不是电视的平移，其间隐含着传播关系的根本变革，即传播主体化（王晓红，2015）。如果说传统视听行业、电视与受众之间的互动方式是"一对多"的单向传播，而互联网则将传播关系变成了主体和主体之间的关系。

渐入佳境：网络视频业的生产与经营

由于缺少监管和限制，网络视频发展初期经历了"野蛮生长"，随着行业内的竞争与洗牌，又渐入佳境。视频网站的内容生产和经营因此成为学界关注的又一重点。

有学者对互联网视听节目现状进行了总结概括，提供了全景式的观察（汪文斌，2017；陈思等，2018）。在大数据技术手段广泛应用于网络视频行业的情况下，有学者研究了爱奇艺"绿镜"智能观看模式对内容生产的影响（张蓝姗，2017）。也有学者对比了中国网络视频产业与国外网络视频产业的情况，为中国视频产业内容生产提供借鉴（李然忠，2018）。

批判政治经济学视角也在这一研究领域中得到使用。有学者将大陆的网络视频产业置于全球化、新自由主义语境下，探讨政府管制、市场驱动力、创意生产之间的张力（Zhao and Keane, 2013; Zhao, 2014）。有研究者观照中国网络视频众包生产与传播的现状,认为这种模式将网民的休闲时间、社会关系、知识等转化为推动产业发展的数字资本,从而赚取网民的数字劳动剩余价值,并审慎分析了"互联网产业运作的商业逻辑凌驾于文化逻辑"的现象,挑战了对现有网络视频研究的乐观想象(吴鼎铭,2018)。

研究者们进一步将目光聚焦在具体的网剧和网综的生产中去。随着互联网移动用户的增加,许多传统影视创作者涌入网剧制作市场。但因为缺少相关政策监管,自制网剧质量参差不齐。因此研究者们指出网剧"网感"的创作误区,以及网络自制短片的艺术操守问题,呼吁监管,呼吁健康的行业发展(周传艺、何静,2015;童珊珊,2015;张静,2015;王玉明,2016;赵兴,2017)。

针对蓬勃发展的网络自制综艺,有研究者总结出网络综艺经历了"低成本微综艺阶段、多元化漫发展以及大爆发阶段",在节目内容上存在"泛娱乐化"的问题(华施琪,2017)。有研究者归纳出网络综艺节目"互动和分众"的特点,也提出需审慎地看待互动性和分众性是否有助于节目内容和传播质量的提升,如"观众的使用与满足背后可能蕴藏着的利益的觊觎";以及可能形成信息茧房(刘溪涵,2017)。

从更微观的角度出发,研究者们特别关注具有社会影响力的网络视频节目和栏目。不同研究者分析了特定网络视频节目和栏目的风格特点、叙事逻辑、思想价值等,提供了丰富的案例(包涵容,2015;刘兰,2016;洪严,2016;万文竹,2016;吴洪斌等,2017;孙永帅,2017)。也有研究者关注青年亚文化现象在网络综艺节目中的作用,并以《奇葩说》为例,研究青年亚文化如何通过网络综艺进入大众文化空间(苏楠,2017)。

在网络视频节目经营策略上,近年来的研究成果层出不穷。研究对象包括版权购买、内容收费、广告等。研究者们认为,互联网巨头向传媒行业的转向,也重组了网络视频行业的经营发展的形态(郭全中、胡洁,2016)。相比于传统电视,网络视频广告形式更加灵活多样。有的研究者关注网络视频广告精准投放策略以及广告产品的创新,也有研究者关注受众心理以及消费者行为(夏菲菲,2016;赵雯姗,2016;易程,2016;黄庆,2016;谢璐姗,2017)。近年来,"创意中插"的兴起,意味着网络视频广告从传统贴片广告1.0时代和植入广告2.0时代,迎来了内生广告3.0时代(洪萍,2018)。随着视频网站越发重视原创内容,网络视频行业也突破了仅靠商业广告的盈利模式,迎来了付费时代(马铨、董小染,2016)。

不少研究者聚焦特定视频网站的经营策略,提供了丰富的案例研究(冯钊,2015;李瑞雯,2016)。有研究者对视频网站自制内容的营销与自制栏目的营销策略展开考察(付安妮,2015;李玉珠,2016;佛冉,2016;徐燕,2017)。研究者提出,视频网站行业巨头如爱奇艺、优酷、腾讯等纷纷购买优质视频产品进行独播,生产自制内容,提高用户黏性。同时,依托互联网公司的大数据优势,为了解市场和用户需求、生产和推荐视频内容提供指引。网络视频公司还通过提供多终端"跨界"经营,打通多屏(陆地、胡馨木,2015)。由于视频网站发展同质化现象突出,也有研究者提出,差异化的品牌构建在视频网站经营中有着重要作用（张娜娜，2015）。

国外网络视频行业的相关经营策略能为国内网络视频行业提供借鉴意义。有研究者比较国内外付费视频网站的内容、用户和模式，还有研究者研究网络视频传播企业价值（刘燕南等，2015；秦宗财、刘力，2016；何江、马卿轩，2016）。

新生现象：弹幕、直播、短视频

近几年来，弹幕、网络直播、短视频等新形式和新现象在网络视频实践中变得重要，也成为研究者关注的重点。这些网络视频发展的新形式打破了既有的传播形态，也引领着网络视频业的新发展和重构。

我国的弹幕视频可追溯至2008年，最早起源于动漫网站A站（AcFun）和B站（bilibili），之后各大视频网站逐渐在长视频上推出弹幕功能，弹幕现象走向大众化（孙卓，2016）。针对这一新兴现象，不少研究者探究弹幕盛行的原因（崔潇，2015）。有研究者认为，弹幕功能体现了使用与满足的传播框架（文蕾，2016）；也有研究者认为弹幕功能的使用提升了网络视频传播的互动性，其中包括受众与弹幕视频的互动、受众之间的人际互动等（张艺凝，2015）；还有研究者认为弹幕的发展壮大，与亚文化的引领、参与式文化的盛行以及受众诉求的变迁有很大关系（张蓝姗、葛欣怡，2018）。

有研究者将弹幕现象比作"虚拟客厅"，通过弹幕让观看者和发弹幕者沉浸在虚拟的家庭客厅氛围中。然而，这一现象与微信、微博的虚拟性完全不同,是一种看起来热热闹闹,实际上绝无反响的"时空穿越"(许良,2018)。一方面,弹幕的存在重构了原本的视频内涵,甚至破坏了视频本身构建的三维空间。观众通过"吐槽"获得话语表达权力,反映出年轻人"'拒绝成长'和逃避现实的精神需要"(陈响园等,2017)。另一方面,弹幕的商业价值逐步凸显,弹幕视频的广告模式也成为新的方向(郭震,2018)。也有研究者关注更加微观的网络视频节目特效字幕的特点(贾荟弘,2017)。

网络直播是另一新兴研究领域。网络直播打破了电视台专属的直播模式,赋予了普通人随时随地直播的权利。然而网络直播中具有不同于传统媒体的新角色关系和权利冲突,影响了直播媒介自身的发展(贾毅,2017)。事实上,网络直播实践中的繁荣一直与混乱相伴而生。2016年是网络直播发展元年,网络直播平台数量激增,资本加速行业混战,直播内容中出现媚俗化、功利化、娱乐化的倾向,相关法规政策的颁布规范了网络直播行业的发展(李光,2017;单依晨,2017;蔡凯莉,2017)。对于网络直播平台野蛮生长的现象,有研究者从供给侧结构改革的角度为网络直播行业献策(朱旭光、贾静,2017;贾静,2017)。

研究者们对网络直播的伦理失范和乱象展开了讨论(胡园园,2017;刘冰,2017)。为探究这些乱象背后的原因,许多研究者以媒介场景理论为基础对其进行深入探讨(向永心,2017;王长潇、李爽,2017)。有研究者探讨了网络直播主播的身体表演和观看者之间所受到的媒介场景、社会习俗和消费逻辑的权力规约，认为网络直播中主播与观众的交流属于低质量的交流，其繁荣是在消费社会推动下对一部分大众的审美或欲望的满足（曾一果，2018）。网络直播中赠送礼物的环节也引发了学者对网络视频文化的公共性考察，为探讨新媒体语境下的公共政治实践提供了新的视角（王昀，2017）。

除了弹幕、直播，短视频（或称微视频）也是近年来网络视频行业发展又一个新现象。短视频是"移动传播、流媒体技术和智能终端复合传播情境"的产物，打破了传统网络长视频的完整叙事（常昕、杜琳，2017）。近年来，短视频有"内容应用垂直化"、"内容生产系列化和规模化"的趋势（王晓红、任垚媞，2016）。相比于专业团队制作的网络剧集，短视频具有"短小精悍，不受时间、空间、内容等限制"的特点，用户可以自由地使用与选择。有研究者认为，短视频是使用者，尤其是年轻用户社会交往、调节情绪、获取社会资讯和表达的重要方式（卢俊，2017）。为探究这一现象背后的原因，有研究者从传播学和认知心理学的角度展开研究。研究者认为播放流畅的短视频符合受众的视觉需求，同时，纯娱乐不是受众的唯一需求，追求有用性和价值导向是短视频平台努力发展的方向（刘航，2017）。也有研究者从媒介生态学视角对短视频进行研究，从宏观角度观察移动短视频的生态位，从微观角度上以抖音短视频作为研究对象，为该研究领域提供案例分析样本（陈小叶，2018）。

有序发展：网络视频的政策与法规

网络视频行业的规范和管理，伴随着网络视频业的发展而发展。目前学界对于网络视频政策与法规发展的主要关注焦点为网络视频监控技术；网络视频管理原则、依据和特点；对现有网络视频产业政策的梳理解读；网络视频版权问题等。

首先，学界对网络视频监控技术一直有着持续而长期的观察。这些研究论及网络视频监控的实施方包括政府部门和互联网视频服务商，监控范围可覆盖公共网络与数字家庭网络，网页端视频、移动端视频与互联网电视平台（王若涵，2018）。也有研究指出目前的网络视频监管技术包括过滤/屏蔽、标识与分级、年龄认证、新型顶级域名/分区、安全空间，以及监督和限时技术、实时内容监督/屏蔽方法等（徐贵宝，2008）。近年来，随着网络视频广告商业价值的提升，国内视频网站广告开发泛滥成灾，其监管问题成为我国网络视频监管中的重要议题（崔艳琼，2018）。同时，为了迎合消费者免看广告的需求，视频网络过滤工具得以产生，这种对视频网站广告的屏蔽是否构成不正当竞争，这也得到了学界的讨论（沈晴雯，2018；耿倩倩，2018；张婧琪，2018；余飞，2018）。

其次，针对网络视频管理的原则、依据和特点，学界展开了丰富的讨论。这些研究从维护国家信息文化安全、营造和谐健康网络环境、保护版权（田小军、张钦坤，2017）、保护未成年人等方面论证网络视频监管的必要性；提出促进网络文化繁荣、依法开展、行业自律、注重技术手段等内容监管原则（黄为群，2008），也论及全球化语境下网络视频管理对于拓展国际话语空间的重要意义（杜骏飞、吴洪，2009）。

第三，对现有网络视频产业政策，展开了梳理解读。这包括现行互联网管理体系下视频网站管理现状及效果（毛勇，2009），媒介融合背景下网络视频产业政策分析（朱旭光、关萍萍，2013），从政府政策规制角度分析网络视频行业发展的情况（王静溪，2015），在国际视野下对比中、美、英等国网络视频内容管制手段及效果（贾金玺，2010），对我国现有的网络视频规制历史和特点进行总结（赵京文，2018）。目前，我国网络视频规制的特征为"以许可证为核心的动态管理"、"以电视规制为标准的比照管理"、"重国营轻民营的非对称式管理"、"多规章少法律的行政管理"、"多他律少自律协商的被动管理"（靳戈，2017）。因此，有学者提出我国网络视频管理需"注重引导行业主体，强化行业自律"，同时，也要保护公民的表达权，推动构建公共领域（王长潇、位聪聪，2018）。

第四，聚焦具体的网络视频版权问题。研究者认为版权问题存在着监管之重和监管之困（王娜，2017）。随着立法机构、行业规范将版权制度化，中国网络视频的盗版现象呈下降趋势（Gu，2018）。此前，视频分享网站是网络版权纠纷发生的"重灾区"，学界对此的讨论也非常丰富（郝栋，2009；曾烨，2010；王琳娟，2012）。这些研究多从法律角度聚焦视频分享网站版权纠纷的权责问题（叶笛，2009；吴宁剑，2010，郑欣媛，2011），有的对侵权行为进行探析（汪峻岭，2009），还有的对比美国视频分享网站版权纠纷的权责分析情况（孟繁静，

2013），这些研究为理解视频分享网站版权保护问题提供了丰富的案例（孟宇亮，2010；孙建立，2011；王琳娟，2012）。随着聚合类网站的蓬勃发展，视频聚合平台的侵权问题得到学界的持续关注（肖潇，2016；赵红雨，2017；赵鹏杰，2017；严依涵，2018）。近来，研究者们也持续关注视频聚合平台深度链接的法律规制问题（谢俞，2016；王一然，2018；赖江林，2018），使视频聚合平台版权纠纷的权责认定更加规范。除此之外，还有研究者关注云视频网站侵权问题（郑雅珍，2014），网络视频版权监管平台的设计（刘勇，2015），聚焦版权内容在撬动中国网络视频内容提供和规制上的双刃剑作用（Wang，Cao，and Dai，2016）。

参考文献

Gu, J. 2018. "From divergence to convergence: Institutionalization of copyright and the decline of online video piracy in China." *International Communication Gazette* 80(1): 60—86.

Li, L. N. 2017. "Rethinking the Chinese internet: Social history, cultural forms, and industrial formation." *Television & New Media* 18(5): 393—409.

Wang, W., Cao, S., Dai, J. 2017. "Copyright regulations as political and economic leverage: the case of the online video industry of China." *Chinese Journal of Communication*. 10(2): 176—191. doi 17544750.2016.1266000.

Zhao, E.J., Keane M., 2013, "Between formal and informal: The shakeout in China's online video industry." *Media, Culture & Society* 35(6): 724—741.

Zhao, E. J. 2014, "The micro-movie wave in a globalising China: Adaptation, formalisation and commercialisation." *International Journal of Cultural Studies* 17(5): 453—467.

包涵容,2015,《网络知识性脱口秀节目生存之道研究》,南京师范大学。

蔡凯莉,2017,《网络直播平台的生存现状与发展策略研究》,南京师范大学。

常昕、杜琳,2017,《微语态下短视频传播模式分析及趋势思考》,《电视研究》第8期。

陈慧娟,2015,《媒体融合时代下城市广电媒体产业发展研究》,浙江传媒学院。

陈积银、杨廉,2017,《中国网络视频产业的发展现状、趋势与思考》,《现代传播(中国传媒大学学报)》第11期。

陈思、唐国俊、杨雪,2018,《中国网络视频精品节目调查报告》,《当代传播》第4期。

陈响园、陈妤菁、王晓奕,2017,《"弹幕视频"的去传统美学及其现实逻辑》,《现代传播(中国传媒大学学报)》第3期。

陈小叶,2018,《媒介生态学视角下移动短视频生态位研究》,西南交通大学。

崔潇,2015,《传播学视角下的弹幕视频现状研究》,河北大学。

崔艳琼,2018,《国内视频网站广告监管研究》,湖北大学。

单依晨,2017,《网络视频直播的特点及发展研究》,《传媒》第6期。

杜骏飞、吴洪,2009,《网络视频:国际话语空间的拓展与秩序重构》,《中国广播电视学刊》第8期。

段鹏,2016,《试议新媒体环境下的地方电视新闻变革路径》,《河南社会科学》第5期。

冯钊,2015,《我国视频网站营销策略研究》,江西师范大学。

佛冉,2016,《中国视频网站产品的营销策略研究》,湖南大学。

付安妮,2015,《中国视频网站自制内容营销研究》,湖南大学。

耿倩倩，2018，《爱奇艺诉极路由屏蔽视频网站广告案法律分析》，沈阳师范大学。

郭全中、胡洁，2016，《互联网倒整合传统媒体系融合佳径》，《中国广播》第9期。

郭震，2018，《弹幕视频广告的传播模式研究》，北京邮电大学。

郭镇之，2016，《新型电视：中国网络视频的传播》，《兰州大学学报（社会科学版）》第6期。

郝栋，2009，《视频分享网站的著作权问题研究》，山东大学。

何江、马卿轩，2016，《以互联网思维推动城市电视台的转型融合》，《青年记者》第15期。

洪萍，2018，《网剧中创意中插的应用策略研究》，暨南大学。

洪严，2016，《如何打造网络视频音乐的特色品牌——以〈Hi歌〉为例》，《传媒》第15期。

侯晓林，2015，《中国互联网视频行业发展研究》，《经济视角（上旬刊）》第3期。

胡园园，2017，《我国网络视频直播中的伦理失范及其对策研究》，湖北大学。

华施琪，2017，《我国视频网站自制综艺节目的现状与发展研究》，江西财经大学。

黄庆，2016，《网络视频广告效果的提升策略研究》，《传媒》第10期。

黄为群，2008，《网络视听媒体在重大事件传播中的新特点》，《现代传播（中国传媒大学学报）》第4期。

贾荟弘，2017，《网络自制综艺节目特效字幕研究》，广西大学。

贾金玺，2010，《网络视频内容管制研究》，中国社会科学院研究生院。

贾静，2017，《供给侧改革视域下网络视频直播的发展策略研究》，浙江传媒学院。

贾毅，2017，《网络视频直播的公民赋权与冲突》，《现代传播（中国传媒大学学报）》第10期。

靳戈，2017，《中国网络视频规制的现状、特征与方向》，《当代传播》第6期。

赖江林，2018，《视频网站加框链接侵害著作权的刑法规制研究》，华南理工大学。

黎斌、谭天，2015，《欧美国家视听传媒融合争夺战》，《中国电视》第7期。

李光，2017，《问题、表征与规范：网络视频直播泛化的思考》，《现代传播（中国传媒大学学报）》第6期。

李然忠，2018，《中美内容产业最新发展状况的观察及思考》，《福建论坛（人文社会科学版）》第10期。

李瑞雯，2016，《视频网站运营模式分析》，黑龙江大学。

李书贤，2016，《网络视频节目主持的四大特征分析》，《传媒》第20期。

李玉珠，2016，《视频网站自制栏目营销研究》，黑龙江大学。

刘冰，2017，《网络视频直播乱象治理研究》，黑龙江大学。

刘航，2017，《微视频用户视觉认知偏好实证研究》，华南理工大学。

刘兰，2016，《体育网络视频栏目的形态分类与内容特征——从里约奥运网络报道看体育网络视频栏目新趋势》，《电视研究》第10期。

刘溪涵，2017，《网络综艺节目的特征及形态研究》，重庆师范大学。

刘燕南、刘双、张雪静，2015，《中美付费视频网站之比较：用户、内容与模式》，《中国地质大学学报（社会科学版）》第6期。

刘勇，2015，《网络视频版权监管平台的设计与实现》，中国科学院大学（工程管理与信息技术学院）。

卢俊，2017，《大学生微博短视频使用状况研究》，内蒙古大学。

陆地、胡馨木，2015，《中国网络视频行业发展的新视点》，《当代传播》第2期。

陆地、靳戈，2017，《中国网络视频史》，北京：中国广播电视出版社。

马铨、董小染，2016，《中国网络视频行业的现状和未来——中国网络视频年度高峰论坛综述》，《现代传播（中国传媒大学学报）》第6期。

毛勇，2009，《网络管理原理简介》，《科学咨询（决策管理）》第9期。

孟繁静，2013，《美国视频分享网站著作权侵权责任研究》，烟台大学。

孟宇亮，2010，《视频分享网站侵权案例研究》，上海交通大学。

聂秀英，2008，《互联网视频相关问题探讨》，《电信网技术》第12期。

秦宗财、刘力，2016，《欧美视频网站运营模式及赢利分析》，《深圳大学学报（人文社会科学版）》第 1 期。

沈晴雯，2018，《网络广告屏蔽行为合法性判定的路径优化》，首都经济贸易大学。

时欢，2017，《体育赛事网络主播的发展特色研究》，西安体育学院。

苏楠，2017，《青年亚文化视阈下的纯网综艺节目研究》，暨南大学。

孙建立，2011，《视频分享网站版权保护问题研究》，山东大学。

孙永帅，2017，《〈奇葩说〉的思想价值研究》，黑龙江大学。

孙卓，2016，《弹幕视频研究》，黑龙江大学。

田维钢、顾洁、杨蒙，2015，《中国网络视频行业竞争现状与战略分析》，《当代传播》第 1 期。

田小军、张钦坤，2017，《我国网络版权产业发展态势与挑战应对》，《出版发行研究》第 11 期。

童珊珊，2015，《解析中国网络自制剧的模式创新与发展》，浙江传媒学院。

万文竹，2016，《网络知识性脱口秀节目生存之道研究——以〈罗辑思维〉为例》，《西部广播电视》第 17 期。

汪峻岭，2009，《视频分享网站版权侵权行为探析》，上海交通大学。

汪鹏，2015，《电视在新媒体环境下的生存与应对》，《当代电视》第 8 期。

汪文斌，2017，《向网而生——网络原创视听节目现状分析》，《电视研究》第 3 期。

王静溪，2015，《广电总局规制下的中国网络视频发展分析》，天津师范大学。

王琳娟，2012，《视频分享网站侵犯版权问题研究》，西南政法大学。

王娜，2017，《我国网络视频产业的版权困局与破解》，《当代电影》第 10 期。

王若涵，2018，《网络视频监控系统现状与发展趋势研究》，《科技与创新》第 1 期。

王晓红，2015，《网络视频带来了什么》，《当代电视》第 5 期。

王晓红、任垚媞，2016，《我国短视频生产的新特征与新问题》，《新闻战线》第 17 期。

王晓红、谢妍，2016，《中国网络视频产业：历史、现状及挑战》，《现代传播（中国传媒大学学报）》第 6 期。

王一然，2018，《视频聚合平台深度链接的法律规制问题研究》，广西师范大学。

王玉明，2016，《网络剧情短片创作的艺术操守》，《中国电视》第 2 期。

王昀，2017，《礼物、娱乐及群体交往：网络视频文化的公共性考察》，《新闻与传播研究》第 9 期。

王长潇、李爽，2017，《网络视频直播平台发展及其对商业场域建构的影响》，《当代传播》第 1 期。

王长潇、位聪聪，2018，《乱象与回归：我国网络视频政府规制的现状、特点与发展》，《当代传播》第 2 期。

文蕾，2016，《哔哩哔哩弹幕视频网站的使用与满足理论研究》，西南交通大学。

问题、王小龙，2017，《从"+互联网"到"互联网+"：电视媒体融合路径探讨》，《现代传播（中国传媒大学学报）》第 9 期。

吴鼎铭，2018，《作为劳动的传播：网络视频众包生产与传播的实证研究——以"PPS 爱频道"为例》，《现代传播（中国传媒大学学报）》第 3 期。

吴洪斌、姜智彬，2017，《网络视频类节目的叙事话语分析——以〈中国有嘻哈〉为例》，《新闻与写作》第 12 期。

吴宁剑，2010，《论视频分享网站的侵权责任》，苏州大学。

吴子骏，2017，《网络综艺主持人的形象塑造》，安徽大学。

夏菲菲，2016，《网络视频广告精准投放及优化策略研究》，安徽大学。

向永心，2017，《基于媒介场景理论的网络视频直播研究》，江西财经大学。

肖潇，2016，《论内容聚合行为的法律属性与侵权认定分析》，重庆大学。

谢璐姗，2017，《基于平台方视角的视频网站广告产品创新研究》，湖南大学。

谢俞，2016，《视频聚合平台中深度链接的法律规制》，华南理工大学。

徐贵宝，2008，《我国互联网视频管理相关问题研究综述》，《通信管理与技术》第 6 期。

徐燕，2017，《我国网络自制剧营销传播的多维度研究》，北京交通大学。

许良，2018，《"虚拟客厅"：弹幕评论的心理分析——以电视剧〈人民的名义〉为例》，《当代电视》第 7 期。

严依涵，2018，《视频聚合平台著作权侵权法律问题研究》，北京邮电大学。

叶笛，2009，《论视频分享网站的侵权责任》，中国政法大学。

易程，2016，《网络视频贴片广告对长沙大学生消费行为的影响研究》，湖南大学。

余飞，2018，《过滤视频广告行为竞争法责任分析》，华东政法大学。

曾烨，2010，《对视频分享网站版权侵权问题的研究与思考》，中国政法大学。

曾一果，2018，《网络女主播的身体表演与社会交流》，《西北师大学报（社会科学版）》第 1 期。

张国光，2018，《因"场"而在：网络视频节目主持人的行业现状与职业命运》，《现代传播（中国传媒大学学报）》第 4 期。

张海潮、姜雨杉，2014，《探究视频市场生态 洞察媒介融合趋势——解读〈大视频时代——中国视频媒体生态考察报告〉》，《电视研究》第 12 期。

张婧琪，2018，《视频网站广告过滤行为的司法裁判规制研究》，首都经济贸易大学。

张静，2015，《自媒体环境下的中国网络自制剧的传播研究》，北京邮电大学。

张蓝姗，2016，《国外电视行业在新媒体环境下的探索》，《中国电视》第 4 期。

张蓝姗，2017，《网络视频观看模式的创新与影响——以"绿镜"智能观看模式为例》，《当代传播》第 4 期。

张蓝姗、葛欣怡，2018，《弹幕流行背景下网络视频用户观看习惯的转变》，《当代传播》第 3 期。

张娜娜，2015，《视频网站的品牌建构研究》，黑龙江大学。
张艺凝，2015，《互动视角下弹幕视频研究》，南京师范大学。
赵红雨，2017，《视频聚合平台侵权问题研究》，河北大学。
赵京文，2018，《以"综合治理"引领行业行稳致远——中国网络视听规制的历程与经验分析》，《传媒》第 24 期。
赵鹏杰，2017，《视频聚合 app 的著作权侵权问题研究》，浙江大学。
赵雯姗，2016，《网络视频贴片广告受众的心理效果研究》，湖南大学。
赵兴，2017，《走出网剧创作的网感误区》，《北京电影学院学报》第 4 期。
郑欣媛，2011，《视频分享网站的版权侵权责任研究》，中国政法大学。
郑雅珍，2014，《云视频网站侵权问题研究》，西南政法大学。
周传艺、何静，2015，《我国网络自制剧状况解读》，《当代电视》第 6 期。
周长宏，2016，《广电系视频网站的品牌建构》，浙江传媒学院。
朱旭光、关萍萍，2013，《媒介融合背景下网络视频产业政策分析》，《中国广播电视学刊》第 3 期。
朱旭光、贾静，2017，《论网络视频直播业的供给侧改革》，《当代电影》第 10 期。

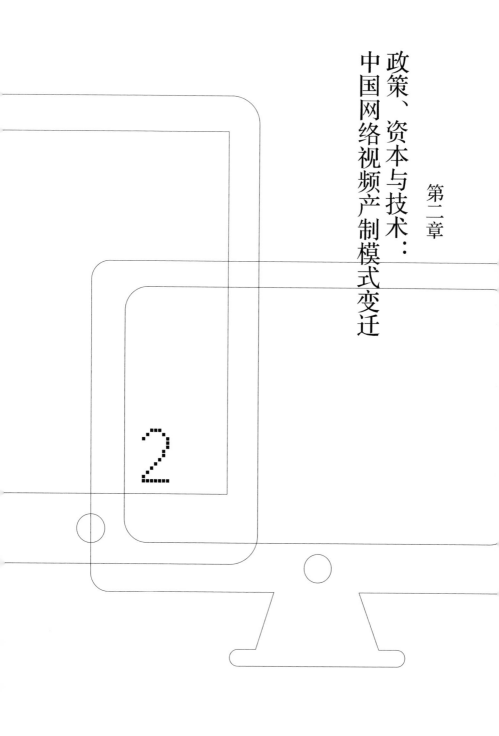

第二章

政策、资本与技术：中国网络视频产制模式变迁

网络视频六大产制模式

经过十余年的发展,中国网络视频业已十分繁荣。视频内容源源不断地产出,受到观众的欢迎和喜爱。发展至今,中国网络视频的内容生产制作形成了一些显著的模式。作者认为,用两个交叉的维度来对纷繁芜杂的网络视频生产现象做出区划,从而寻找其主要模式,是必要且可行的。

第一个维度,是内容生产的主体。网络视频内容生产主体主要有三:视频网站、网站外机构(影视公司、电视台、工作室等)和互联网用户。结合行业和学界惯例,可以将之概括为:网络自制、版权购买和用户创造(UGC)。

第二个维度,是内容形态和类型。常见的内容形态包括电影、电视剧、纪录片、综艺、短视频、网络直播等。

基于这两个维度交叉的结果,进一步考虑,作为一种视频产制模式,它的发展历程和历史脉络如何?它的生产流程和运营机制如何?它的商业模式和变现手段如何?

如果上述这些问题的答案相似或相近,那么就可将之归纳为同一种产制模式。例如电影、纪录片、电视剧等虽是不同的视频内容形态，但就网站向站外机构购买版权后再上网播放这种模式而言，上述几种形态在几个问题上的答案几乎没有差异，因此均可归属为"版权购买模式"。

反之，如果答案差异较大、相去甚多，则可以归纳为不同的产制模式。如用户作为 B 站"UP 主"上传自制的长视频和作为"创作者"在抖音发布自制的短视频，虽然都是 UGC，但其历史过程、文化语境、产制流程、商业模式、变现手段等都有较大差别，因此应被归纳为两种不同的产制模式。

值得一提的是，媒介与信息科技的发展也是影响网络视频内容生产与消费的重要因素。早年人们主要通过个人电脑观看网络视频，或者生产制作视频内容；而智能终端和移动互联网的崛起，使得视频从生产、传播到消费渠道都变得更为多元。技术的发展变化也改变了流行的网络视频内容形态，甚至是审美与风格。但总体来说，网络视频产业从 PC 端向移动端的重心转移，并不影响我们对产制模式的归纳提炼。

经此分析，作者提炼出六种在我国最为显著的网络视频产制模式：长视频 UGC 模式、版权购买模式、网剧（片）自制模式、网综自制模式、短视频模式和直播模式，并从传播政治经济学的视角出发，考察这些产制模式如何在资本与政策的形塑下逐渐成形与更迭。

表 2-1：网络视频六大产制模式

	版权购买	网络自制	用户创造
电影	版权购买模式	网剧（片）自制模式	长视频 UGC 模式
电视剧	版权购买模式	网剧（片）自制模式	长视频 UGC 模式
纪录片	版权购买模式	网剧（片）自制模式	长视频 UGC 模式
综艺		网综自制模式	
短视频			短视频模式
网络直播			直播模式

群雄四起：视频网站的战国年代

首先，我们将目光投向被称为视频网站诞生元年的 2005 年。

2005 年 2 月 YouTube 的创立，标志着全球范围内视频分享网站的诞生。同年 4 月，土豆网正式发布。土豆网的初衷是提供一个基于互联网的音视频分享平台，鼓励用户上传各种原创或非原创的音视频。也因此，其最初的口号为："每个人都是生活的导演。"半年后，土豆网拥有了超过 3 万个视频与音频内容，年底便得到了 IDG 公司 80 万美元的投资。

2005 年底，一位名叫胡戈的个人创作者解构了陈凯歌导演的年度大片《无极》，将其电影镜头与央视栏目《中国法治报道》混合剪辑，制作完成了一部 20 分钟的视频，取名为《一个馒头引发的血案》，并将之上传到土豆网。该视频迅速在互联网上流行，其"恶搞"风格深得网民喜爱。围绕该视频爆发了很多争议，包括采用他人的影视片段进行剪辑是否超出法律规定的使用范畴，个人是否拥有这样的创作自由和评论自由，以及"恶搞"风格是否应该鼓励等。这可以被称为中国第一个真正广为人知的UGC长视频作品，具有里程碑式的意义。

土豆网很快聚集了大量具有创造力的用户，包括叫兽易小星、三千白狐等一批知名内容创作者。这些原创音视频内容形态十分多元，包括家庭录像、动感相册，也包括影视作品混剪、国产古风CP剪辑、鬼畜视频、广播剧，甚至单机游戏视频攻略、独立游戏评测等；而大量台综、日剧等资源也被用户搬运到土豆网上，进行分享。

2005年5月，土豆网发布仅仅一个月后，从网易辞职的周娟创办了我乐网（56.com）。2006年12月，优酷网正式上线。同一时期进入视频网站斗兽场的，还有酷6、六间房、激动网等等。

这些网站在早年的成功，建立在平台内UGC长视频井喷的基础上。某种程度上来说，UGC长视频是中国网络视频行业早期运转和成长的重要源泉，而UGC长视频又让用户意见和行为得到平台方前所未有的重视，让视频内容生产理念和视频平台运作理念都逐渐向"以用户为中心"转变。

总的来说，在群雄四起的战国年代，视频网站的创始人们基本都是互联网创业者，具有海归背景或者其他互联网企业从业经验，将视频网站视作博客、播客之后的新的影视频分享技术应用和平台。也因此，早期视频网站颇具纯真年代的互联网精神：免费、共享、开源、利他主义。视频网站上的内容生产模式包括两种：用户生产长视频与（未购买版权的）影视内容上传分享。内容提供者积极创作或上传内容，不为收益，只求分享的快乐和获得网友赞美后的愉悦心情。无论是平台管理者还是用户，版权意识均十分淡薄。

技术创新与版权规制

版权法是一种排他性的保障制度，它赋予版权所有者控制或排除他人生产、使用和销售版权产品的权利，从而维持其在市场上的交换价值和排他性利益（Bettig,1996:151）。如果缺乏版权保护，不但会削减生产者的获利机会，也会不利于新产品的生产。

数字技术的出现，使得版权产品在用户之间共享的机会增加，流通时间缩短；但同时也削弱了版权所有者对内容的控制力，因为版权产品的复制和共享变得更为便宜和容易，其实为潜在的版权侵犯行为提供了便利。新兴的网络视频也同样如此。

十数年前，知识产权的概念在中国普通用户中并不普及。尽管自 1980 年加入世界知识产权组织以后，我国相继制定了商标法、专利法、技术合同法、著作权法、计算机软件保护条例等等，但这些版权法规在内容产业中的具体实施并不理想。蒙哥马利在对中国音乐产业的考察中发现，在知识产权执法不严的情况下，国际唱片公司为维护自己的版权价值而陷入瘫痪，国内的音乐娱乐企业却能随机应变、生机勃勃（Montgomery, 2009）。

但是在WTO和中美贸易的框架下,就中国企业及用户是否在合法使用美国的版权内容,有关部门经受着压力。中国于2001年加入世界贸易组织(WTO),在知识产权保护方面许下承诺。美国将知识产权保护列为优先议题,试图以此控制美国文化产品的下游市场的利益分配。2005年,美方即提出关注中国的盗版软件问题。2007年4月,美方决定将中国知识产权、出版物市场准入问题诉诸WTO争端解决机制。中国知识产权官员认为美国此举无视中国政府加强知识产权保护和执法力度所付出的巨大努力和取得的重大成果,是不明智也不理智的。[1] 知识产权本是一个法律框架内的议题,但与中国的全球化进程和中美贸易及中美关系关联起来,就变成了一个多种利益角力的场所。

视频网站在刚刚出现的头两年,无拘无束、恣意生长。2007年前后,国内网络视频领域的创业团队已达到200家之多,数十家视频网站彼此竞争。在众多网络视频平台上,UGC内容制作质量良莠不齐,不乏品位低俗、质量低劣的UGC长视频。各种被用户搬运上网的美剧、韩剧、日剧等很多未支付过版权费。

2007年成为中国视频网站发展过程中的一个分水岭。版权作为一种重要的规制力量,推动了中国网络视频业的管理,也形塑了新的竞争格局。12月,广电总局和信息产业部联合发布《互联网视听节目服务管理规定》,对从事互联网视听节目服务

---

[1]《美方决定将中国知识产权等问题诉诸WTO"不明智"》,http://www.china-embassy.org/chn/zmgx/t310221.htm。

的机构资质、节目内容、市场规范、违规监管等方面都进行了明确规定，并由此开启了一系列网络视频的管理措施。

新规定的核心是加强对准入的管理，也即许可证制度。一方面，网站如要传播视频，需要拿到相应执照；另一方面，每个上传的视频内容都需要得到许可。准入的意义在于能够拉高网络视频业从业者的门槛，对平台上的具体内容也能实现更好的掌控和管理。2009年，广电总局规定未取得"电视剧发行许可证"的境内外电视剧和类似许可证的境内外动画片，一律不许在线播放。这直接切断了盗版视听内容在网上的传播。2010年，多部委联合推出"剑网行动"、"版权斩杀令"，大力推行正版、打击盗版。

在新规不断推出的情况下，有些视频网站依旧在钻空子。据作者2013年对各大视频网站的深度访谈，不少视频网站依旧在未取得节目许可证的情况下进行大批量的采购和播放。这意味着经营上的风险——一旦被主管部门发现，节目如被要求下架，那之前的购买成本就会遭受损失。这样的风险，视频网站并非不知；但它们却像一架架庞大的机器，在追逐流量、维持营收的压力下心怀侥幸，对新规的响应并不迅捷，也不彻底。这也迫使主管部门反复强调、不断加大监管力度、愈发严厉，直到所有视频网站将规定落实到实践的方方面面。

大洗牌：准入、正版与上市

2008年开始，在版权压力和政策收紧下，中国网络视频行业格局发生巨变。

前述2007年底广电总局发布的《互联网视听节目服务管理规定》,开启了准入制,要求获得信息网络传播视听节目许可证(视听服务牌照)的机构才可持证上岗,从事视频上传、分享和节目制作业务。当时的土豆和我乐,因为先发优势,已经是视频网站中的领跑者,但身处上海的土豆和身处广州的我乐均未能在第一时间从大变局中抓住机会。

根据《规定》,如申请从事互联网视听节目服务,应符合八条基本条件,其中第一条要求"具备法人资格,为国有独资或国有控股单位,且在申请之日前三年内无违法违规记录"。这个条件看起来将很多民营视频网站排除在了行业的大门外,也引发了网络视频业的普遍焦虑与猜测。次年2月3日,国家广电总局、信息产业部对外公布了《规定》的解释细则,对于其中最引人关注的"国资"问题表示,"《规定》发布之前依法开办、无违法违规行为的,可重新登记并继续从业"。①

这一方面意味着,此前并非国有独资或国有控股的视频网站仍可继续申请,但申请如得不到批准,就得离开这个行业;另一方面,该规定也向各级国有媒体敞开了从事网络视频业的大门。因此,中央电视台、新华通讯社、人民日报社等都在最早一批拿到了许可证。中央电视台成立了国家级的网络广播电视播出机构——中国网络电视台(英文简称CNTV),由央视国

---

① 《新规明确:民营视频网站重新登记后可继续从业》,http://www.chinanews.com/it/kong/news/2008/02-04/1157567.shtml。

际网络有限公司主办,于 2009 年 12 月 28 日正式开播。

2008 年 6 月 19 日,广电总局在官网上公布了已获得许可证的 247 家机构的名字,其中包括新浪、搜狐、网易、腾讯等。土豆、我乐,以及同在市场前三名的优酷均与视频牌照无缘。市场占有率排在其后的酷 6、六间房反而获得了视频牌照[①]。经过不断的申请和努力,优酷最终在 7 月拿到了许可证。至此,酷 6、六间房与优酷都在北京奥运会召开前拥有了牌照。搜狐公司更是正式成为央视网的奥运战略合作伙伴,获得 2008 年北京奥运赛事活动的互联网转播授权,使得奥运会特许转播成为搜狐视频的核心优势。但土豆一直到 9 月才拿到许可证。

此时的我乐网由于视频审核上的错误,陷入了整改关停的漩涡。尽管其网站公告声称,我乐网是在进行数据维护和系统的大规模升级,但它被关停一个月的消息还是不胫而走。用户陆续分流去了土豆和优酷,我乐的人气开始下降。等我乐重新开站后,其势头已不如从前了。

2009 年初,好不容易解决了牌照问题的土豆网,又遇到激动网联合 80 多家版权方组成的"反盗版联盟"对其网站侵权行为进行起诉。这种现象并不罕见,据作者对视频网站的访谈,2010 年前后,各大视频网站的法务常在法院相会,处理和不同友台的版权诉讼。2010 年 3 月 1 日,酷 6 网以原告身份对土豆网提起法律诉讼,向土豆网涉嫌侵权五部电视剧进行索赔。次

---

① 《广电总局首次公布视频牌照名单》,http://tech.sina.com.cn/i/2008-06-19/10092269384.shtml。

日,优酷高调举行发布会,宣布将陆续起诉酷6网的侵权行为,索赔金额累计逾千万元,酷6网转而成为被告。①

无论是政府主管部门对网站准入和内容准入的限制、对盗版行为的打击,还是同行之间出于竞争而对彼此的盗版行为进行举报和起诉,都使得视频网站必须严肃正视版权问题:大规模删除平台上的盗版视频,建立自查自纠的队伍对用户上传的音视频进行审查和过滤,将购买正版视听内容作为新的发展重点。

视频网站经过几年的发展,吸收了几轮投资。资本对盈利的追求,被转化为对视频网站观看流量的追求。而要有令人满意的流量,其根源在于要有足够多和足够好的视频内容。新的政策环境下,视频内容只可以"买",不可以"偷",根据访谈,当时视频网站的主要开支都用在版权内容的购买上。

2011年时,国内热门电视剧卖给视频网站独播,单集价格基本在20万元左右,《新还珠格格》则达到30万元,97集共售价3000万。考虑到仅仅五年前,81集的《武林外传》打包出售给视频网站才不过10万元,《新还珠格格》的网络播映权可谓天价。一个重磅卫视剧,抢下版权就是成功,抢不下版权就是缺失,所以视频网站此时信奉先下手为强。爱奇艺业务发展部高级总监张语芯曾说,"2011年买就是抢,有一种竞标举牌的感觉,大家只管问'能不能买到',抢了一年,开始反思值不值"

---

① 《视频连环诉讼现身:优酷诉酷6后再遭报复诉讼》,https://tech.qq.com/a/20100303/000241.htm。

（唐培林、张晗，2013）。

在这种情况下，购买美剧反而变成更划算的交易。美剧销售方通常按季打包销售，总价比国产剧便宜，前几季更比当季的便宜。此外，由于美剧观众的受教育程度和收入都较高，播放美剧也更容易获得好的广告回报。搜狐视频推行"正版影视剧"策略时，大规模购买美剧和韩剧，也建立起搜狐视频的品牌口碑。当时在海外热门的优秀剧目，都被其大规模地、合法地引入国内。

如何才能足够有钱并付得起版权内容的费用？互联网企业所熟悉的资本游戏：融资、合作、股权互换、合并、海外上市圈钱，立刻无缝衔接到网络视频业上来。

2010年8月，中国第一家获得广电总局颁发的视频牌照的酷6网，借壳华通世纪上市纳斯达克，成为中国第一家独立上市的视频网站。之后已和搜狐成为合作伙伴的优酷也在纳斯达克上市。2011年，土豆晚优酷一步上市，但市值与优酷相差甚远。另一大门户网站新浪增持了土豆的股份。2011年，腾讯宣布与华谊合作。网易开始打造"世界名校公开课"品牌，开启自制剧。通过这一波合作，几大门户网站和传统影视巨头加入到网络视频的市场中来，与已有的视频网站形成资源共享和资源配备。

早已与央视和中影集团展开手机视频合作的乐视网，也在2010年开始布局互联网电视，并登陆深交所创业板。同年，搜索引擎公司百度宣布投资组建一个独立且能播放正版视频的网站，名为"奇艺"，次年改名"爱奇艺"，并于2013年收购了人气视频网站 PPS 影音。2011 年，腾讯对外宣布了视频战略，把自己的视频整合后以独立域名"腾讯视频"正式上线。彼时，谁都没有想到，这个最晚进入的选手终将凭借其强大的资本和用户基础成为中国网络视频业未来的顶级玩家。

2012 年 3 月，一个令人咋舌的消息传出，位居网络视频市场前二的优酷和土豆停止了数月来在法庭上的兵戎相见，以 100% 换股的方式进行了合并。优酷土豆合并后，市场份额从原来的 21.8% 和 13.7% 提升到了 35.5%，一家独大，将位列第三的搜狐视频（13.3%）和位列第四的爱奇艺（6.9%）远远甩在了身后。[①] 可惜的是，合并之后的土豆由于各种原因，渐渐失去了自己的特色和定位，内容和渠道逐渐被优酷吞并。若干年后便空余优酷而不见土豆了。

在这次大洗牌中，国有媒体凭借许可证的春风进入了网络视频业；原先已做大的民营视频网站大多保留了下来，并与已有的互联网大企业开展各种层面的合作，进入资本游戏；很多中小型视频网站就此被关在准入的门外，永远离开了这个产业；新的资本玩家觊觎着网络视频领域的前景，开始进场。这个阶段，购买版权内容成为各个视频网站最主要的产制模式。

---

① 数字来自《优酷土豆宣布合并，料将占有约四成市场份额》，https://br.reuters.com/article/idCNSH010914220120312。

三国鼎立：内容自制的春天

探索盈利，转向自制

时光匆匆，经过新一轮的发展，网络视频业的格局又发生了新的变化。优酷依旧保持着领先优势，后来者爱奇艺和腾讯则挤进市场前三。被简称为"优爱腾"的这三家网站成了网络视频的头部企业。

各大视频网站益发重视政府的各种规制要求并积极配合，实行严格的内部审查制，对不合适的内容进行"自刀"。在资本的要求下，视频网站也在绞尽脑汁探索盈利模式，包括广告、植入、会员订阅、单片付费等。

对于购买的正版影视，视频网站通常在播放时加贴片广告，保持影院电影和卫视剧的营收传统。用户原创的短视频产量与质量均不稳定，视频网站一度致力于与高校建立合作，设置专栏，批量收入学生影视作品，并扶持从中涌现的有才华的年轻人。例如56网曾设立专注校园原创影像的"高校影像力"年度项目，后来进一步改造成"十人十部高校导演创投计划"；优酷设立了"青年导演基金"，致力于扶持"网生代导演"。其目的均为将年轻导演收入麾下，培养视听内容供给的后备力量。

视频网站还尝试推动会员订阅和单片购买。然而网站上的正版影视并不具有稀缺性，多个视频网站常常同时推出某部剧，或者与卫视一起进行台网联播，用户便觉得没必要单独购买某个视频网站的会员。在很长一段时间内，会员费都是视频网站难以突破的瓶颈。

至于单片购买,据作者 2013 年对乐视的深度访谈,乐视最开始便针对小的用户群做付费内容,所以在 2009 年左右进入免费市场后,仍能凭借着此前积累下来的丰富的影视资源库做单片收费,且有持续收入。其他一些从 UGC 开始发家的视频网站,因为免费内容做多了,再做付费内容时,用户出于心理定势就不太愿意买单。

这个时候,版权购买模式出现越来越多的弊端。一方面,买剧的资金占比太大,使得视频网站收不抵支,长期处于亏损局面;另一方面,受国际关系中突发事件的影响,购买境外剧常常出现无法播出或者中途下架的风险,例如"萨德事件"后,平台曾陆续下架韩剧和韩国电影。于是,PGC 的概念渐渐受到视频网站的重视。PGC 中的 P 指的是 professional,也即视频网站委托站外的专业影视制作人士根据要求生产作品,并在本网站播出。这样的专业人士最开始是小规模的影视工作室,后来大型影视制作公司也参与其中。影视作品也从开始时的低成本小制作,慢慢演变成跟卫视剧集的投资规模、演员阵容相当的自制节目。

经过一段时间的发展,自制内容在网络剧、网络大电影、网络综艺、网络纪录片上都蔚为大观。

小成本、高回报

网剧自制模式的开端可以追溯到 2008 年优酷出品的第一部自制网剧《嘻哈四重奏》,号称观看量达到 1 亿次。

优酷投资、皮三执导的都市女性情感动画剧《泡芙小姐》2011年4月起在优酷播放。每一集大约10分钟，共104集，分为8季，其拍摄、制作、播出、营销等环节同步进行。该剧在制作过程中会根据网友的反馈实时调整剧情走向，剧中有意识地植入大量白领喜爱的快消品牌，从投资营收角度来说是令人满意的案例。

其他典型案例还有"叫兽易小星"执导的网络剧《万万没想到》，三季分别于2013年、2014年、2015年在优酷视频首播，捧红了此前名不见经传的主角"王大锤"的演员白客。搜狐视频还推出了自制迷你喜剧《屌丝男士》等，共三季，邀请了多位明星参演与客串。

这个阶段的网络剧均为低成本小制作，没有名导、名演员，在极大程度上压缩了专业人员的费用，也全无"烧钱"的特效制作环节。其产制上受到美剧季播概念的影响，一季试水成功后再推出下一季，以控制成本和风险。这些网剧在风格上多为轻松搞笑、无厘头式的喜剧，尽管在网民中很流行，在审美上却难登大雅之堂。部分网剧还被有关部门以"低俗""涉黄"等原因要求下架整改后再上网播出。

与自制网剧同时期开始探索的，还有自制网综。

2007年1月12日在搜狐视频上线的《大鹏嘚吧嘚》可以说是中国网络自制综艺的起点。这档娱乐脱口秀节目从草根视角出发对娱乐圈的热点新闻进行点评和讨论，一推出便备受欢迎。2014年由爱奇艺出品、米未传媒制作的辩论类综艺节目《奇葩说》，可谓另一个里程碑。《奇葩说》上线后迅速成为全网流行内容,辩题周周冲上微博热搜,第一季总播放量达到 2.3 亿。同时期成为现象级网综的还有 2012 年起在优酷播出的由高晓松主持的脱口秀节目《晓说》等。

尽管我国的娱乐文化中并没有美国式的脱口秀传统,但我们有单口相声、说书和电视清谈节目的底子,也不缺乏这方面的人才。更重要的是,脱口秀节目除了表演者的酬劳,几乎没有太多其他成本,和其他综艺节目相比,是真正的小成本制作,也很容易通过贴片广告或者口播广告回本。这两点,使得脱口秀在早期的网络综艺类型竞争中脱颖而出。

网台趋同的自制剧

随着网络自制剧在年青一代观众中的流行,以及视频网站不断试水、总结经验教训后的成长,网剧自制模式也迎来了新阶段。在这一阶段,视频网站及其委托方开始投入高额的资金预算,在编导摄录美等各环节都越发精良。2015 年的自制网剧《盗墓笔记》和《太子妃升职记》是一个分水岭,它标志着视频网站投资自制的剧集在质量和收视上开始追赶卫视剧,在盈利模式上开始实现会员收费制的突破,在类型上实现创新,视频网站本身也在转型——逐步成为内容投资方和生产方,而不仅仅是播出平台。

2015 年 6 月 12 日,爱奇艺独播了网络文学 IP 改编剧《盗墓笔记》,由流量明星李易峰、杨洋、唐嫣等主演。采用了美剧的播出方式,先播出第一季,一周播放一集。但播到第五集时,平台改变了播出策略,直接把全季剧集一次性放出,但只有购买了爱奇艺 VIP 会员的网友才可提前观看全季,非会员只能每周等待新的一集转为免费观看。此举被认为是网剧会员付费模式的标志性事件。全季剧集上线当晚五分钟内,爱奇艺网上收到高达 1.6 亿次的播放请求、超过 260 万次的开通 VIP 会员的订单请求,爱奇艺服务器甚至因此大面积瘫痪。[①] 截至 2015 年年底,《盗墓笔记》以 27.54 亿播放量成为 2015 年网剧收视率冠军。

如果说爱奇艺投资的《盗墓笔记》是大 IP 之作,单集成本为 500 万[②],由流量明星出演,花费大量资金在特效制作上,因此获得了高收视率;那么,由乐视投资制作并于 2015 年底播出的《太子妃升职记》,采用的是小 IP 和"生面孔"演员,单集成本仅为 60 万[③],甚至有导演亲自在淘宝上购买布料做戏服的传言,但同样成为网络上大热的剧集。虽然该剧一度也因"低俗"而被勒令下架修改,但仍被公认是当时乐视网最大的爆款,直接促成了大量观众充值乐视网会员的行为。甚至有不少观众在《太子妃升职记》的弹幕上留言:"我是为太子妃充会员的,请不要把我算到《芈月传》的头上。"《芈月传》是当时乐视主推的电视剧,没想到在人气上不敌黑马《太子妃升职记》。

[①]《〈盗墓笔记〉全集上线数据惊人 引发连锁反应》,http://www.xinhuanet.com/ent/2015-07/06/c_127988920.htm。
[②]《爱奇艺推超级网剧盗墓笔记 单集 5 百万成最贵电视剧》,http://www.ceweekly.cn/2015/0610/114449.shtml。
[③]《〈太子妃〉真的是个穷剧组?制片人称单集成本 60 万》,https://www.yicai.com/news/4737462.html。

这两部剧的出现与走红，标志着自制模式新阶段的开启，内容付费、爆款频出、全民热议的网剧新时代逐渐到来。在《盗墓笔记》的例子中，如果按照爱奇艺单月会员（连续包月）最低 15 元、增加了 260 万会员计算，这一部网剧就给爱奇艺带来了至少 3900 万元的收入。而据新闻发布会称，《太子妃升职记》的会员播放量达到了 3.99 亿次，为乐视吸引新会员 220 万人，带来了 4100 万收入[①]。更不用说还有其他的广告收入。更重要的是，这两部剧给各自的视频网站——爱奇艺和乐视带来了资本市场上的想象空间。疯狂吸金的热门剧集，让资方进一步相信优质的视频内容可以盈利，也更看好生产出这样的热门视频内容的平台。

在接下来的几年，视频网站自制大剧的质量和体量逐步赶超传统精品国产影视剧，也形成了可观的市场规模与经济效益，带来了全新的增长点。到 2018 年，视频网站上的自制剧上新数量，已经超过了购买版权剧也即台播剧（电视台优先播出的剧集）。视频网站可以更精准地定位不同受众群体，"定制化"地生产制作网络自制剧，抛弃"合家欢"，洞察多样化的用户需求，孕育新的"类型剧"。

从微电影到网大

2010 年前后，曾出现过一个概念叫"微电影"，它是电影

---

① 《播放量超 26 亿〈太子妃升职记〉创网剧之最》，http://www.iprchn.com/Index_NewsContent.aspx?NewsId=91184。

与视频网站、社交媒体、移动终端的发展互相作用的结果。当时基于新的流媒体技术和互联网带宽发展、拥有4千万网络视频独占群体的视频网站，给电影人带来了新的期待；而社交媒体，特别是当时流行的人人网和微博讨论，给电影带来了提速的口碑讨论和传播；刚开始出现的智能手机和平板电脑则使移动观看成为可能。

快节奏的现代生活方式以及通勤的需要，逐渐培养起用户碎片化媒体消费习惯，也对短时长的视频产生了消费需求。此时的视频网站正面临着购剧成本高昂却仍需购买正版的压力，也更期待通过自制内容填补内容供应不足的空间。而植入式广告和视频营销已臻成熟。这一切使得电影和视频网站迎面靠近。

在视频网站的邀约下，香港导演彭浩翔监制了三星和新浪联合出品的系列网络电影《4夜奇谭》，每部片长40分钟；顾长卫执导了片长17分钟的微电影《龙头》，在优酷播出；优酷还连续多年推出"大师微电影"系列，邀请到国内外顶级的导演执导，包括许鞍华、蔡明亮、金泰勇等。爱奇艺则邀请国内新锐导演执导微电影系列《城市映像》，每部片长30分钟。

在这个阶段，有非专业的自娱自乐的微电影，但更多的是视频网站特地为这一电影形态而打造的高投入、商业化的影像内容。大师级创作者的带动加盟，更多年轻专业电影创作者入局，推动着题材和类型的创新。微电影片长短、播出灵活，成为传统电影的有益补充，让很多创意有了实现的可能。

微电影在发展过程中，逐渐向常规的电影形态靠拢，片长也越来越长，所以微电影的说法慢慢消失，取而代之的是"网络大电影"的称呼,简称网大。视频网站上的网大,有的是网站自己投资拍摄的作品,有的是未能上院线发行、在此找到播出渠道的常规电影,还有基于 IP 文学开发的剧集的番外篇电影。

2017 年网络大电影累计上新 1892 部,2018 年累计上新 1523 部,截至 2018 年 12 月 31 日,有 5 部影片播放量超过 1 亿次,有超过 30 部网络电影票房分账突破了 1000 万元。其中《大蛇》票房达 5078 万元,是首部分账超过 5000 万元的网络电影。(陈鹏等,2019)

值得一提的是,在 2020 年伊始,因为新冠疫情影响,原本定档贺岁档的多部电影无法在院线公映。其中徐峥导演的《囧妈》得到字节跳动公司支持,从 2020 年 1 月 25 日(农历大年初一)零时起,在抖音、西瓜视频、今日头条等平台上免费上映。此举一方面受到了大量观众欢迎,投资方欢喜传媒也因此股价大涨;另一方面却被电影业内人士尤其是院线从业人员集中声讨,认为这是"背信弃义""破坏行业基本规则"的行为,甚至表态要抵制该导演。这部电影虽非传统意义上的"网络电影",而是一部典型的院线商业电影,但却通过互联网发行上映。虽然事件背景有疫情影响的特殊性,但也促使我们深入思考未来网络视频与传统影视行业的竞争、合作与融合。

从网络脱口秀到网综

网络脱口秀曾在很长一段时间内都是网络上最流行的节目,甚至超过网剧。网络综艺节目对于观众的吸引力迅速提升,成为网络视频平台的重要流量来源,资本的重视度也大幅度提高。

2018年，是原创网络综艺最为蓬勃发展的一年。创新、原创成为了各大平台内容生产的关键词。2018年累计上线162档网络综艺节目，较2017年同比增长14.08%，投资规模逐年递增，达68亿元。① 网络综艺播放量持续增加，有21档节目播放量突破10亿次。其中，《创造101》《明日之子第二季》播放量突破50亿次，在网络综艺领域树起全新的里程碑。（陈鹏等，2019）

在《创造101》《偶像练习生》为代表的偶像养成类节目的助推下，网络综艺行业迎来了"偶像产业元年"。"养成偶像团体"进入了大众的视野，成为娱乐市场的主流。借着养成系偶像的春风，腾讯视频的《明日之子》做到第四季，从节目中走出的选手毛不易、马伯骞已成为小有名气的艺人。而选女团的《创造101》在2019年改成了选男团的《创造营》，2020年再以《创造营2020》之名进行了女团选秀，前后共推出三个偶像团体，并开拓了《横冲直撞20岁》这样的偶像团综（团体综艺）形态。爱奇艺的偶像团体选秀节目在2020年也以《青春有你2》之名进行了女团选秀，获得了观众的广泛关注。

此外值得一提的是，优酷打造了《这！就是街舞》《这！就是灌篮》《这！就是铁甲》等"这就是"系列网络综艺。而爱奇艺在前一年推出的爆款节目《中国有嘻哈》则在2018年改名为《中国新说唱》继续制作和推出。同一年，爱奇艺也推出了街舞

---

① 中国网络视听节目服务协会，《2019中国网络视听发展研究报告》，https://mp.weixin.qq.com/s/RTZzrvWjENTePYMIPbNJXQ。

竞赛节目《热血街舞团》。《乐队的夏天》在2019年登陆，以似乎不可能之势网罗了大批知名摇滚乐队和一些新锐乐队，通过节目现场演出进行对决，最终选出最受观众欢迎的五支乐队。节目组对不同风格乐队的选取，吸引了从60后到00后的不同年龄层，开创出前所未有的节目形态，既向大众普及了乐队知识，又推动了乐队演出的音乐产业，不断贡献热议话题。

这些网综将说唱、街舞、街球、乐队等青年流行文化纳入了综艺节目的范畴，拓展了以往卫视综艺或真人秀节目的边界，也推动了相应文化活动的大众知识普及和产业的发展。

新的自制网综带来新的营收方式。以《中国有嘻哈》为例，爱奇艺围绕节目内容，进行了一系列操作，包括广告、付费会员、IP衍生品、艺人经纪、直播和线下巡演等等。几乎所有的竞技类、表演性的网综，都可以采用这样的盈利模式。而《乘风破浪的姐姐》这样的"爆款"综艺节目，还直接拉动了芒果TV背后的芒果超媒的股价大幅上涨；正如当年小成本网剧《太子妃升职记》极大地提振了资方对乐视的信心一般。

网络纪录片

继电影、电视剧和综艺之后，纪录片也在2018年迎来了"网生时代"，网络纪录片成为纪录片产业版图中不可或缺的一块。从2013年至2018年，网络纪录片生产投入逐年递增。2018年网络用户在视频网站点击观看的纪录片有2893部，纪录栏目有128档。点击量超过亿次的纪录片共有9部，排在首位的是美食探索纪录片《风味人间》，点击量高达10.7亿次。[①]

支撑起网络纪录片生产的是人才的流动。众多体制内纪录片人向新媒体流动，如陈晓卿加盟腾讯，干超、李炳加盟优酷，根据平台的需求推出符合大众口味的纪录片。其中，腾讯视频以播出35部纪录片领跑网络平台，优酷和爱奇艺则分别以25部和16部紧随其后。bilibili、芒果TV、搜狐视频等只有个位数的纪录片播出。[②]

网络纪录片渐渐呈现出如下几个特点：资金雄厚的平台，采购优质海外纪录片和投资原创纪录片并重；网播纪录片题材更偏向都市、休闲和轻文化，例如旅游、风光和美食，历史题材较少；一些纪录片出现时长短、集数多的"泡面番"趋势，例如海峡卫视和腾讯视频合作制作、台网同播的《早餐中国》，每集时长仅10分钟，更新频率快，从形式上看深受日本泡面番[③]的影响；出现纪实节目与综艺节目的融合之作，例如探索成年女性友情、呈现地域风貌的《我们是真正的朋友》，以及探索明星个人内心的纪录片/慢综艺《奇遇人生》，成为文艺青年"必看"的节目；深受欢迎的纪录片也像美剧那样打造核心IP，出现"季"的概念，例如在2020年，《早餐中国》播出到第二季，《风味人间》播出到第二季，《航拍中国》播出到第三季。

网络纪录片在产制上的突破，使得纪录片受众群进一步扩

---

① 何苏六，《中国纪录片发展报告（2019）》，http://www.sohu.com/a/309477194_204056。
② 美兰德咨询公司，《2019年优秀纪录片网络传播影响力大数据解读》，http://www.cnad.com/show/728/302807.html。
③ 泡面番，即泡一碗面的时间里就能看完的动画剧集，指其每集时长很短。

大。在能看到优质内容的基础上，2019年大众开始表现出为优质纪录片付费的意愿。腾讯视频在这一年提供了19部收费纪录片。

除视频网站自制纪录片以外，一些传统主流媒体如《人民日报》《光明日报》等也纷纷向公众推出微纪录片。此外，抖音、快手、vlog等短视频形式也为网络纪录片提供了更多的平台、内容形态和片源，为网络纪录片发展创造了更大可能性。

今天我们再以历史的眼光审视自制模式的发展历程，发现"自制"凸显的是网络视频平台在剧/片/综艺的制播方面的主动性和主体地位，体现了内容生产的主要驱动力来源。具体表现在，投资方面，视频网站必然参与自制内容的投资且往往占据较大份额；制作方面，自制内容又分为嫡系内容团队原创和与外部制作公司合作两种情形，但无论哪种情形，网络视频平台在制作过程中始终拥有话语权；播出方面，视频网站是自制内容的主流播出渠道，常常为首播甚至独家播出，但也不是唯一渠道，也存在"台网同步"（即电视台与卫视几乎同时播出），以及"先台后网""先网后台"等选择。

在内容自制阶段，一部部作品的成败得失，决定了视频网站新的江湖座次。具有雄厚资金支持的腾讯视频跑到了最前列，三巨头的顺序变成了"腾爱优"。在第一阵营之后是B站和芒果TV。也就是说，在2007年开始实施准入制后，进入竞争的传统媒体中只有湖南卫视的芒果TV展现出了真正的竞争实力。而B站的出现，则意味着曾被资本抛弃的长视频UGC模式获得了新生。

二次元亚文化与 UGC 长视频回潮

在整个网络视频业加速进入影视版权争夺战之际，UGC 长视频作为一种产制模式曾几乎被"消灭"。但是有一家视频网站延续了这一传统，并于近几年在 UGC 长视频内容生产领域一枝独秀，这就是哔哩哔哩网（bilibili），俗称为 B 站。

B 站的前身是视频分享网站 Mikufans，创建于 2009 年 6 月 26 日，并在 2010 年 1 月 24 日更名为 bilibili。它是最早的弹幕视频分享网站之一，让用户能够即时观看、即时在视频上发表文字评论。弹幕也为观众所接受，成为国内视频网站的必备常规功能。B 站是中国最知名的与动画、漫画、游戏（ACG）相关的二次元文化社区。

多年来，B 站坚持在内容和社区生态建设上长期投入。从各方面数据来看，B 站目前是中国当之无愧的第一 UGC 长视频网站。

在 B 站上，创作并上传 UGC 视频的人被称为"UP 主"，而他们上传的 UGC 视频则被 B 站官方命名为 PUGV(Professional User Generated Video，即 UP 主创作的高质量视频)。2020 年一季度，B 站月均活跃 UP 主数量达 180 万，同比增长 146%；其月均投稿量达 490 万，同比增长 138%。他们所生产出来的 PUGV 占据了 B 站整体播放量的 91%，以绝对明显的态势，构成其社区内容生态的基石①。

180万UP主的辛勤劳作，使得B站上的内容不断更新、十分丰富，也因此培养起了惊人的用户规模。2020年一季度，其月均活跃用户同比增长70%，达到1.72亿。在用户基数大幅增加的基础上，社区活跃度进一步跃升。尤其是用户日均使用时长攀升至87分钟，环比提升10分钟；而社区月均互动数则高达49亿次，为去年同期的三倍之多。

B站的盈利能力也得到大幅度提升。2020年第一季度，B站总营收达23.2亿元；月均付费用户数迎来强劲涨幅，同比增长134%，达1340万。毛利率也从去年同期的14%持续提升至23%。在总体营收中，其游戏业务收入与非游戏业务收入大致各占一半②。

从B站的经验来看，它走了另外一条不太一样的长视频UGC之路。在发展初期，B站更专注于营造一个基于年轻世代的二次元内容社区，具有一定的文化偏向性，是"粉丝"在情感驱动下、围绕身份认同而建构起来的高黏度社区。随着B站的发展，除开核心的二次元取向外，该站的内容还涵盖生活、科技、学习等众多细分领域，形成兴趣社区。在社区成形、用户忠诚的前提下，B站形成了一个从内容到用户到社群再到变现的良性循环机制。在B站，内容作为流量入口，引导用户进

---

① 新浪财经，《哔哩哔哩（BILI.US）2020年Q1财报：营收23.2亿元远超预期，同比增长69%》，http://finance.sina.com.cn/stock/hkstock/ggscyd/2020-05-19/doc-iircuyvi3819140.shtml.
② 同上。

入,用户和 UP 主通过良好的交互机制,形成大大小小的兴趣社群,而平台根据兴趣社群的属性,再提供相匹配的产品和服务(游戏、直播、购物、充值会员增值服务等)以变现,从而实现用户、UP 主、B 站的共赢。从其运营机制和商业模式来看,B 站的实践在世界范围内都是具有创新意义的。

从当年的土豆网,到如今的 B 站,长视频 UGC 作为一种产制模式,其内在的运营机制和商业模式发生了很多转变。同样是 UGC,为何 B 站现在能得到资本的青睐?从使用人群来说,B 站汇聚的是所谓 Z 世代的用户,也即在 1995—2009 年间出生的人,深受互联网、即时通讯、MP3、智能手机和平板电脑等影响。他们不仅是国内娱乐内容最主要的消费者,同时各项调查也表明他们具有较高的为内容付费的意愿。从社区来看,这是一个超高黏度的社区,也就意味着上 B 站刷一刷变成了一种日常仪式,日活用户固定,流量也稳定。从盈利能力来看,尽管 UGC 视频直接变现的能力不强,但 B 站主要通过游戏和投资以及直播、电商等业务保持了稳定的盈利。从这个角度来说,B 站比一心做视听内容但始终收不抵支的视频网站更受资本宠爱。

伴随着技术的进步、普通用户媒介素养的不断提升、产业链不断成熟、普通创作者变现渠道与方式愈加稳固,长视频 UGC 仍然在中国网络视频行业中占有一席之地,同时也让土豆网的创业者们当年所憧憬的那个梦想不曾远去——"人人都是生活的导演"。

新霸主入局：短视频与直播

与长视频不同，短视频是指在移动媒体平台上播放、由用户生产的 15 秒至 1 分钟左右的视频。短视频的发展以移动智能终端和内容算法技术发展为基础，以用户生产为主要方式，以短视频平台为主要载体。在中国，以快手和抖音为代表和领军的短视频 APP 在近年迅速崛起，成为最为炙手可热的国民级手机应用、最为流行的青少年文化消费对象，也极大地改变了网络视频行业乃至整个互联网行业的格局。

根据 2020 年发布的第 45 次《中国互联网发展状况统计报告》，截止到 2020 年 3 月，我国网络短视频用户规模已经高达 7.73 亿，较 2018 年底增加 1.25 亿，占网民整体的 85.6%[1]。同时，抖音和快手也分别推动其背后的公司一跃跻身于腾讯、阿里、百度等中国互联网巨头的行列，直接与后者展开了多方面的市场竞争。相对于传统的互联网长视频领域而言，短视频更是打破了其十几年来总体不能盈利的魔圈，业内对抖音年营收的估测都在百亿人民币数量级。可见，短视频已然成为中国网络视频行业最为前沿和热门的赛道。

与美国类似，我国短视频应用的发展也同样起源于社交软件。2013 年，腾讯和新浪分别推出"微视"和"秒拍"，依托

---

[1] 中国互联网络信息中心，2020，《第 45 次中国互联网发展状况统计报告》，http://www.cac.gov.cn/rootimages/uploadimg/1589535470391296/1589535470391296.pdf。

既有的社交网络软件发展起来,作为网络社交的补充附属功能。2014年4月,短视频APP美拍正式上线,随即成为最受欢迎的短视频社交应用软件。美拍的成功首先归功于既有的美图秀秀女性用户。美拍将剪辑、滤镜、水印、音乐等功能打包为MV特效,让复杂的视频后期处理变得更加简单易得,进而增加了用户的使用意愿。短视频应用的出现,极大地降低了视频制作的门槛,使更多用户加入到短视频内容生产的队伍中来。

诞生于2011年3月的快手,最初是一款用来制作分享GIF图片的工具型应用软件,2012年转型为短视频应用社区,鼓励用户记录和分享自己的生活。随着移动互联技术和智能手机的流行,和其面向三四线城市和村镇草根用户的定位,快手迎来了发展的春天。2015年6月到次年2月,快手用户从1亿涨到3亿,成功坐上国内短视频应用的第一把交椅,直到抖音的出现,其地位才被撼动。

2016年9月,今日头条孵化并上线了音乐创意短视频软件抖音。抖音"后来者居上",虽然较晚进入短视频竞争领域,但在其上线500天后成为了中国下载量最高的手机应用,领跑应用市场。

纵观目前短视频行业的内容生产,主要分为两大类:一类是满足广告主广告营销需求的内容生产,另一类是短视频创作者自发的内容生产。在第一种生产模式中,广告主会向中间机构(如平台或MCN机构)提出广告需求,中间机构寻找符合条件的短视频创作者制作视频内容,然后经过平台审核将视频发出。在此过程中,中间机构和短视频创作者会得到广告费。另一种生产模式是平台主导或短视频生产者的自发行为，通过生产更多视频内容吸引粉丝，提升自身影响力，甚至进阶为 KOL，得到广告主的青睐，实现流量变现。

随着短视频行业的蓬勃发展，短视频生产者内部分化加剧，逐步形成内容生产的三层金字塔。底部是普通 UGC 用户，其内容生产主要是用以满足社交需求，不追求也无法追求过多的商业利益。中部是介于 UGC 和 PGC 中间的内容生产，既无法实现头部跨越，又要时时提防数据下滑。顶部是 PGC 用户，通过专业生产和内容运营占据金字塔顶端。短视频行业也呈现出"二八法则"，即 20% 的头部占据了 80% 的流量，也赚取了 80% 的资金。

而所谓"网络直播"，是以互联网为传播渠道，以音视频方式实时同步传播内容，通过弹幕、评论、赠礼、打赏等形式让观众与直播者展开丰富的互动反馈的网络视频形态。截至 2020 年 3 月，我国网络直播用户规模达 5.60 亿，较 2018 年底增长 1.63 亿，占网民整体的 62.0%。最主要的直播形态依次是：游戏直播、真人秀直播、演唱会直播、体育直播。在 2019 年兴起并实现快速发展的电商直播用户规模为 2.65 亿，占网民整体的 29.3%。①

从技术形式而言，早在 2000 年前后，依托 QQ 等社交媒体，

---

① 中国互联网络信息中心，2020，《第 45 次中国互联网络发展状况统计报告》，http://www.cac.gov.cn/rootimages/uploadimg/1589535470391296/1589535470391296.pdf。

就出现了小型的网络视频直播间。但此时的直播间多为网友自发组织，直播内容以聊天为主，往往仅在几个好友之间进行，社交属性更强。PC端网络直播则出现在2005年左右，以"六间房"为代表。六间房最初也是以长视频UGC为主要生产模式，但在前述主管部门的准入和版权规制之后，渐渐开始了"秀场"直播形式，以美女的才艺展示为主要内容，甚至有一些较为低俗的内容和软色情"擦边球"。六间房也最早实现了观众用礼物打赏主播、主播与平台分账的盈利模式。

与六间房类似，2010年前后其他视频网站开始追求版权内容购买时，我乐网也拓展出"我秀"服务。据作者当年对我乐网某中层主管的访谈，我乐网把"我秀"定位为"互动增值业务"，"就是你打开这个页面之后，你就进入到一个房间，然后就看一个小女孩或一个小男孩开了一个直播间开始直播，唱歌或讲故事，或者什么事情都没干，发呆。然后呢，她/他的房间里会有很多粉丝，每天就给她/他送花、送鸡蛋、送游艇啊。"这项服务的营收非常不错，"经常地男生在大半夜送三艘游艇给一个主播，好几千块钱就出去了。他是虚拟货币几千块钱，实际折算下来，一千左右人民币还是有的。"

回头去看，当年的直播，在生产方式和形态上已和现在很像——成本非常低，没有门槛，能联网就行，而且变现很快。但是这个阶段的网络直播平台是PC端的，依附于传统的长视频网站，只是这些网站的一个内容版块。而当时视频网站的重心并不在直播业务上，既缺乏内容上的推进和创新，也没有合理的内容监管模式。因此，早年的秀场类直播虽然令人耳目一新，但未能推动整个网络直播行业的快速发展。

真正促使网络直播脱离传统视频网站,发展出相对独立的产制模式和商业模式的,是游戏直播的兴起。随着电子竞技在国内的发展和逐渐成熟,从游戏语音辅助软件起家的 YY 以及弹幕视频网站 AcFun 之中,分别诞生出游戏直播行业的两大巨头——虎牙和斗鱼。游戏类直播行业的热度,在 iG 俱乐部捧得 2018 年英雄联盟全球总决赛冠军奖杯的那一刻,达到了里程碑式的顶点。

4G 技术的成熟和智能手机的普及,将移动互联推上历史的舞台,也推动着手机移动直播的兴起。2016 年,以花椒、映客为代表的移动直播平台,只需主播有一部智能手机,就可以开始直播。和短视频一样,直播的技术门槛几乎为零,只要会开机关机,原则上就能生产内容;当然要生产高质量的内容,还需要更多的能力和投入。极低的门槛,极大丰富了直播的内容和主题,"全民直播"很快成为现实,跨越地域、跨越年龄层的中国人的日常生活全方位呈现在屏幕上。

2019 年被认为是"电商直播元年",带来了行业整体用户规模的增长。薇娅、李佳琦这样的顶级流量的电商主播,通过直播介绍商品的信息和特点,吸引了大量观众下单。尽管从形式上看,电商直播很像早年电视购物的互联网变体,但背靠大流量平台、拥有与顾客的真实实时互动,直播创造出了以前无法想象的销售神话。很快,阿里巴巴、京东、拼多多等主流电商平台陆续涉足其中。由于变现速度极快,电商直播规模飞速膨胀。

短视频与直播，其内容生产方式的创新极大地依赖于技术革新，包括移动互联的普及。二者成为眼下最活跃的视频行业风口，则是由于其迅速找到了清晰且可复制的商业模式，变现能力非常强大，因此也获得了资本青睐。

头部效应与行业格局

网络视频行业经过多年发展，在各细分行业领域内出现了占据优势地位的领跑者。传统网络视频的用户、内容、流量均向腾讯视频、优酷、爱奇艺三个头部平台集中，头部效应显著。

根据中国网络视听节目服务协会发布的《2019中国网络视听发展研究报告》，我国网络视频产业的平台集聚效应明显，目前形成了三个梯队的行业格局（不包括短视频）。

第一梯队为三巨头：腾讯视频、爱奇艺和优酷。这三家覆盖了中国网络视频用户的80.2%，远远超过其他所有竞争对手。在2019年里，爱奇艺和腾讯视频分别向公众宣布付费会员的数量超过了1亿；爱奇艺2019年的会员服务营收同比增长36%，在总营收中的占比接近50%，远超其在线广告服务营收。[1]

第二梯队由芒果TV和B站两家平台组成。这两家在中国网络视频用户中的渗透率共为9.2%。芒果TV背靠湖南卫视，

---

[1] 数据来自腾讯2019年度财务报告，https://cdc-tencent-com-1258344706.image.myqcloud.com/uploads/2020/04/02/ef47087db40a44f5b1bd65334f3a52e4.pdf；爱奇艺，《爱奇艺发布2019年Q4及全年财报》，http://www.iqiyi.com/common/20200228/69cae652e48d19b9.html。

凭借其自制剧和综艺节目的独播权，成为三巨头之后的第四力量，而且率先实现了盈利——2018年芒果TV盈利9.28亿；2019年一季度则盈利4.18亿。作为对比，2018年爱奇艺、腾讯视频、优酷土豆三家共亏损200亿左右；2019年爱奇艺运营亏损93亿元人民币，腾讯视频运营亏损在30亿元以下并自称亏损"远低于同业水平"。① B站则凭借二次元文化社区的独特优势与风格，围绕动漫游戏等特色内容凝聚大量青少年用户，月度活跃用户过亿。

第三梯队由搜狐视频、乐视视频、PP视频、咪咕视频四家构成，共覆盖了6.7%的中国网络视频用户。

除了三个梯队之外，其他综合视频平台（不含短视频、直播）共覆盖了4.0%的中国网络视频用户。

同时，如前所述，短视频平台异军突起，已经成为网络视频平台结构中不可忽视的新生力量。以抖音、快手为代表的短视频APP，以碎片化而高黏度的短视频内容，争夺了用户的注意力和时间；短视频中更灵活有效的信息流广告，争夺了广告主的营销预算；短视频平台所在的公司也正在试图进入传统网络视频中的长视频领域。就在短短几年间，短视频从无到有，达到了7.73亿的惊人用户规模，覆盖了中国网民整体的85.6%。

在短视频的赛道上，抖音和快手也成为了事实上的头部平

---

① 数据来自腾讯2019年度财务报告，https://cdc-tencent-com-1258344706.image.myqcloud.com/uploads/2020/04/02/ef47087db40a44f5b1bd65334f3a52e4.pdf；爱奇艺，《爱奇艺发布2019年Q4及全年财报》，http://www.iqiyi.com/common/20200228/69cae652e48d19b9.html。

台。截至2020年1月,抖音国内日活跃用户(DAU)已经超过4亿,快手的国内日活跃用户也突破了3亿。[①] 月度活跃用户过亿的其他短视频平台,还包括与抖音同属字节跳动旗下的西瓜视频和抖音火山版(曾用名"火山小视频")、腾讯旗下的微视。其余短视频平台从用户数量和流量来看,都远远落后于上述短视频平台。

纵观中国网络视频产制模式的变迁,不难看到,政策、资本和技术形塑了中国网络视频业的发展轨迹与现状。在网络视频的每个重要发展节点上,都能辨识出这三种力量的作用。

多个主管部门的管理政策,合力引导着网络视频业从自发走向正规、有序,具体目标包括打击盗版、清除不良信息、整顿网络秩序等等,具体措施包括推动网站和视听内容的双准入制,直至在内容管理上做到台网一致。

资本的进入则极大地推动了网络视频业的产业规模和竞争格局,资本对利润的追求也迫使网络视频业不断探索营收模式,为了吸引流量发掘新受众、关注新题材、创造新风格乃至新的节目形态。与此同时,资本过于逐利的天性也使得网络视频从内容到形式出现种种乱象,不断试探与挑战现有政策的边界。

技术的不断进步则保障了网络视频播放的流畅度和用户观

---

① 抖音短视频APP,《2019年抖音数据报告(完整版)》,2020年1月10日,https://mp.weixin.qq.com/s/mjzr2ssMpmDdVeMeiOTb3g。央广网,《2019快手内容报告发布:2.5亿人发布作品 日活突破3亿》,2020年2月22日,http://tech.cnr.cn/techgd/20200222/t20200222_524986774.shtml。

看的便利性,在强大的技术保障基础上,短视频和直播才能成为新的影响广泛的媒介形态。同时,技术变革带来的新形态、新模式、新现象,让赶上风口的企业扶摇直上,让没有及时做好资本投入、资源配置和技术准备的企业在市场竞争中败下阵来、逐渐淡出;而管理政策也需要及时应对技术革新所带来的治理新局面。

参考文献

Bettig, R. V. 1996. *Copyrighting culture: The political economy of intellectual property*. Westview Press.

Montgomery, L. 2009. "Space to grow: Copyright, cultural policy and commercially-focused music in China." *Chinese Journal of Communication*. 2(1): 36—49. doi:10.1080/17544750802639044.

陈鹏、司若、陈锐,2019,《中国互联网视听行业发展报告》,北京:社会科学文献出版社。

唐培林、张晗,2013,《网络视频语境下国产电视剧的困境与突围》,《现代传播》第 7 期。

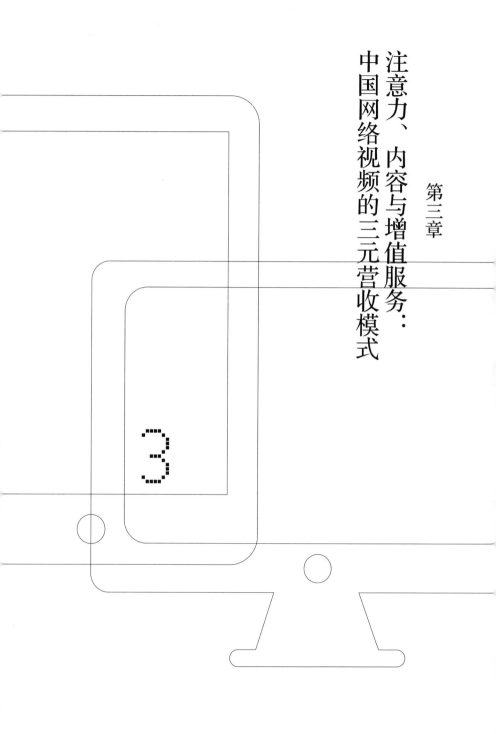

第三章 注意力、内容与增值服务：中国网络视频的三元营收模式

广告也是内容：创意中插

僵尸卖游戏

一男一女手提煤油灯，躬身进入一个幽暗封闭的墓室。他们蹑手蹑脚走动，煤油灯照亮的地面上，横七竖八躺着些眼洞深陷、肢端枯黑的尸体。在墓室中央有一只打开的棺材，其中平躺着一具身着红色华服的干尸。干尸双手交握，手中赫然是一个薄屏的新式手机。男人走近，抽出干尸手中的手机，吹掉表面浮灰，一屁股坐下，靠着棺材，上滑打开手机……突然，不知此前哪一步触动了机关，墓室大门缓缓落下。女人惊慌叫嚷："门要关了，快走！再不走咱就出不去了！"紧张气氛中，男人却毫不慌乱、岿然不动。镜头一转，出现男人手部特写——只见手机屏幕上花花绿绿的糖果，正随着男人手指的不断点击而迅速消除。女人旁观片刻，也被这款休闲的消除类手游吸引，露出了一副"沉迷游戏、无法自拔"的笑容。墓室大门渐渐合拢。这时，旁白响起："怪兽消消消，超火爆的单机游戏，就是这么好玩儿。"游戏的 logo 与界面图像也正式出现在了屏幕上。随后，正式剧情继续。

这个长度为 45 秒的影像片段，出现在 2017 年 7 月 21 日腾讯视频首播的网络剧《鬼吹灯之黄皮子坟》的第 15 集中间，不在片头或片尾。最后几秒钟的旁白和游戏 logo 的明确露出，揭示出这是一个广告。但在此之前，即使是富有经验的观众，也往往要在看到干尸手中握着的新式手机，甚至是剧中男演员靠着棺材玩手机游戏的画面时，才会感到剧情之荒谬超出正常范围，进而意识到这是一个广告。

这则广告与其所在的剧情让观众难以迅速区分，是因为这是一则为这部剧量身定制的广告。广告沿用了该剧的主要场景设置（下墓、干尸），和剧中角色（年轻的王胖子和英子）。广告中，角色的服装和妆容和剧中完全一致，场景的色调与质感也与剧情相同。因此，广告在出现之初很容易被视为是正常剧情中的一部分。

广告与所在的剧情难以区分，能使观众不因意识到马上要进广告而分散注意力，广告就能获得更多的曝光。这类广告形式刚开始出现时，被叫作"脑洞时间"或者"小剧场"；发展到现在，被普遍称作"创意中插"。

第三章 注意力、内容与增值服务：中国网络视频的三元营收模式 | 067

图 3-1、图 3-2　网剧《鬼吹灯之黄皮子坟》中的游戏"怪兽消消消"创意中插

软广、植入、原生广告

根据美国市场营销协会的定义，广告是由明确的广告主在付费的基础上，采用非人际传播的形式，对观念、商品或劳务进行介绍、宣传的活动。根据美国广告协会的定义，广告是付费的大众传播，其最终目的是为了传递信息，改变人们对广告商品的态度，诱发其行动而使广告主获得利益。在《中华人民共和国广告法》第二条则明确指出，其适用的是"商品经营者或者服务提供者通过一定媒介和形式直接或者间接地介绍自己所推销的商品或者服务的商业广告活动"。[1]

这些定义尽管各有侧重，但在根本上具有以下五个共同要素：采用大众传播／非人际传播形式、有明确的广告主、付费、旨在说服、以获利为目标。

新兴的创意中插属于广告的一种，但与此前的广告植入不

---

[1] 全国人民代表大会官网，2018 年 11 月 5 日，《中华人民共和国广告法》，http://www.npc.gov.cn/zgrdw/npc/xinwen/2018-11/05/content_2065663.htm。

同，也不能用简单的"硬广""软广"来对它进行概括和区分。

"硬广"是一种传统而经典的广告实践。影视类硬广，是由广告制作公司就某一商品、品牌或者服务创作一则广告，由广告销售公司购买影院或电视频道的时段，在电影或电视放映之前、电视放映中间和电视放映结束后播出这则广告。这样的广告是完整、独立的影像作品，传递出特定的讯息以劝服消费者。

"软广"则未必是一则完整的广告，甚至并不是严格意义上的广告，很多时候是一种营销方式，通过影视剧中角色或综艺节目中人员在对话中提及、推荐或露出产品等方式，在并未明确标识"广告"的前提下，突出某个商品的品牌和正向特性。软广很难以单独的"作品"的形式呈现。

影视中的广告植入也叫产品植入（product placement），常见的方式是在电影或电视画面中刻意放置特定产品，强调其某一特性，并给予特写镜头。有的产品植入比较顾及产品特性与影视叙事的关联，往往能借势影视内容，提升观众对产品的正面认知。经典案例包括"007"系列电影中男主角佩戴的手表和驾驶的汽车。手表因被邦德佩戴而显得高端，汽车因被邦德驾驶而显得性能卓越。如产品无法跟植入的剧情发生合理的关联，则会显得生硬，例如好莱坞大片《变形金刚3》中植入国产品牌伊利舒化奶，让电影中人物"喝完舒化奶"再继续剧情，因显得尴尬而引发了国民议论。产品植入一般被认为是软广的一种形式，但如果不够巧妙，看起来就会显得很"硬"甚至令观众反感。

原生广告是广告界的晚来者，是一个较新的概念。2011年，弗雷德·威尔逊（Fred Wilson）提出，未来网站广告形式将是一种"原生变现系统"（Native Monetization System），这便是原生广告概念的雏形（康瑾，2015）。作为一个行业用语，"原生广告"在学界并没有完全达成共识，但其不同定义具有一些共同点：第一，原生广告与内容保持了从视觉体验到情感体验上的一致性，符合受众的原情感期待；第二，以创意内容致胜；第三，依托于大数据技术进行精准投放（周艳，2011）。移动互联广告变革中，"广告商、媒介、用户之间需要更加私人化、自然缝合的沟通方式"（喻国明，2014）。作为这场变革的先锋，原生广告概念深刻地影响了此后的网络营销市场，也在网络视频营销行业开花结果。

起初，原生广告普遍存在于社交媒体、网络推荐工具、网络搜索引擎中，例如 Twitter 推出的推广推文（Promoted Tweets）和 Facebook 推出的 Newsfeed，eBay 的促销列表（Promoted Listing），甚至是百度、网易搜索引擎的原生广告服务。移动短视频社交应用软件的出现丰富了社交媒体内容营销的方式，例如，Twitter 推出的 Vine；腾讯和新浪推出的"微视"和"秒拍"。短视频社交应用软件的流行，不仅为网络营销提供了更广泛的空间，也给原生视频广告发展建立了基础。

以 Twitter 的推广推文为例，它是由广告主花钱购买的推文，旨在触及更多的用户，或者激发已有关注者的积极参与。这些推文会被明确标注为"推广"，除此之外，就跟普通推文一样，可以被转发、回复、点赞。推广推文会被置于相关搜索结果页面的顶部，出现在"推广趋势（Promoted Trend）"中，出现在用户的时间线中等等。推广推文甚至可以针对特定用户发送。[①]用户能做的也就是点击"我不喜欢这个广告",或者右上角点叉关闭,但绝大部分时间,用户都会在一种貌似自然而然的情境下看到这个广告。这就是一种典型的、将广告主想要推荐的产品和服务的信息嵌于用户的信息流中的做法。与之类似,中国用户最熟悉的恐怕就是微信朋友圈信息流广告了。

从网络视频业中原生广告的发展实践来看,原生广告可以分为形式原生和内容原生两大类。形式原生,即广告的形式与原媒介使用体验融合,包括基于视频展现形式的信息流视频广告、角标广告。内容原生,则是指基于原视频内容进行原生创作的广告。

创意中插的发展与类型

创意中插,是基于上述各种广告形式却又与之不尽相同、伴随着网络视听繁荣而兴起的一种新兴广告形式。

创意中插都是独立的广告作品,因而不是"软广"。就像前述僵尸卖游戏的例子,它叙事完整,信息明确,出现在剧集播出的中间,具有硬广的特点。但从另一方面看,它又和前后剧情深度关联,无论是场景的色调、质感还是角色的服装、妆容,甚至是演员,都和剧中保持了一致,看起来很像是植入。

然而,创意中插并非植入,因为其剧情虽然与主线剧情颇

[①] 此处描述参见 Twitter 官网有关信息,https://business.twitter.com/en/help/overview/what-are-promoted-tweets.html。

为相似，但毕竟"不是"主线剧情，也完全不影响原剧情走向。它反而更像是粉丝文化所滋生的"同人作品"——采用原角色且沿用原角色特征/人设，剧情基于原著的世界观等背景并与之一致，但非原作。更重要的是，创意中插通常只在剧集或节目首播期间存在于视频网站，过了一段时间（通常是过了合同约定期）就不再出现在观众面前。影视中的广告植入，则永远与内容同在；只要观众看的是一个完整版本的影视作品，不论你在影院、电视频道、网站观看或播放 DVD/蓝光影碟，都能看到原有的植入。

创意中插或许可以被称为一种原生广告，但并非所有原生广告都是创意中插。

追溯创意中插在中国的发展历程，影视剧中类似的雏形大约有十年历史，但创意中插真正出现并流行不过五年。

最早将广告形式与剧情内容融合起来并博得观众喜爱的做法，可以追溯到 2006 年的热播剧《武林外传》。主角们手握不同产品，出现在正片中，面向镜头，拿腔拿调地模仿着一些经典的广告词。例如这一场景：

> 郭芙蓉拖着地，忽然闪到腰，立刻扶住腰喊痛。
> 祝无双："怎么啦？又闪到腰了？"
> 郭芙蓉："看来不服老是不行喽。"
> 祝无双："年纪大了，骨质疏松，身体提醒你，缺钙啦。"
> 祝无双（手持产品展示）："白驼山壮骨粉，北宋欧阳锋独家秘方，专为武林人士研制。"

再如这个场景：

小贝洗衣服，佟湘玉走进后院。
小贝："嫂子，我能帮你洗衣服啦。"
佟湘玉伸开双臂，小贝扑入佟湘玉怀里。
小贝拿起地上的罐子："鸟牌皂角粉，洗出一代好掌门！"

图3-3 《武林外传》中推荐"白驼山壮骨粉"的剧情

经历了那个年代的观众不难看出，"白驼山壮骨粉"是在戏仿当时流行的"龙牡壮骨粉"的广告语；而"我能帮你洗衣服了"学足了雕牌洗衣服广告的煽情。这两个无中生有的产品，完全是为了戏仿、恶搞和好玩而被创造出来，不具有任何品牌意义或广告价值。甚至，创作者也在剧中嘲讽过当时"一个小时的比赛，半个小时的广告"的不良现象。但是这种创新性的做法，却让人看到了中插广告的可能性——即使在正片中间插入广告，只要足够有趣，它就能作为创意内容，吸引观众。

到了2013年的热播电视剧《龙门镖局》，这种形态实实在在地给制作方带来了广告收入。剧中插入的情景片段围绕真实存在的品牌展开，例如剧中"平安票号"代表现实中的"平安金融"，"申州租车"代表"神州租车"，"聚美胭脂铺"代表"聚美优品"等等……有的是产品植入或者剧情植入，有的靠演员花式口播，还有些是单独的小剧场，其形式多样，基本包含了后来网络视频中常见的各种广告形态。有意思的是，这些广告片段因为太过有趣，被人汇集后上传到视频网站上，迄今仍能看到，点击量也一直在增长。

2016年的网络剧《老九门》不再用相似的名称来指称原品牌，而是光明正大、清楚直观地展示了广告主的品牌和产品。此时，创意中插的单条报价已达100万左右，开启了所谓"百万级"时代。[①]"创意中插"极大地提升了《老九门》的商业估值。该剧的播出平台爱奇艺也借势推广了"原创贴"的概念，也即"原生、有创意、贴片"[②]。《老九门》的编剧白一骢，被业界认为是创意中插的推动者。他在接受媒体采访时提到，做创意中插主要考虑两点，一是由剧中演员来演广告，二是希望这个广告具有"病毒广告"的特性，能得到广泛传播，当观众愿意单独去点击一个中插广告的时候，意味着观众是把它当作了内容去看。[③]白一骢的话，让我们进一步看到创意中插兴盛与社交媒体作为一种生态环境之间的关联。

[①] 参见艺恩，2018年10月，《2017—2018创意中插广告市场白皮书》。
[②] 参见爱奇艺悦享会有关报道，如Tom新闻，2018年5月9日，《爱奇艺悦享会：〈老九门〉现象背后的营销法则》，http://news.tom.com/201805/4788423684.html。
[③] 参见白一骢接受安徽卫视的访谈，视频地址：https://www.iqiyi.com/v_1g8uyn0j9ko.html。

所谓病毒广告（Viral Ads），是早在视频网站出现之前便伴随着Facebook、Twitter、新浪微博这样的社交媒体的兴盛而出现的一种广告形态。广告主提供一则图文或者视频广告，超出寻常地有趣、精彩或出乎意料，总之容易激发受众的分享冲动。这样的广告投放在社交媒体上后，能够借助海量用户的社交分享与转发的习惯，将广告传播开去，具有加速传播的特点，犹如病毒在复制，所以被称作病毒广告。我们看到的早期创意中插确实具有这样的特点，通常因为令人"笑到头掉"而获得广泛的接受和传播度。

2017年是网络自制剧获得极大发展的一年，也是创意中插获得极大发展的一年。从《太子妃升职记》中半遮半掩的"阿里芘芘商场"，到《军师联盟》中"军师联盟手游"和"人人贷"，再到《楚乔传》中的"向上金服"，《鬼吹灯之黄皮子坟》中的"怪兽消消消"，青睐创意中插形式的广告主不仅包括传统的广告大户——快速消费品和日用品厂商，还包括金融理财和P2P产品提供商，以及手机应用和游戏。新兴广告主们尤为看重的是，网络剧观众与其产品或服务的潜在用户在人口统计学上的高度重合。

由于互联网金融产品目标用户与网络视频用户高度一致，创意中插的形式又十分新颖，具有视觉冲击性和记忆度，因此，大量互联网金融平台通过创意中插的形式进行广告投放。据AdMasterSEI广告效果评估显示，网络剧《老九门》播放前到播放两期后，广告主互联网金融平台"爱钱进"的品牌知名度上升220%，品牌好感度提升3%。2016年以互联网金融行业为代表的品牌方引领创意中插广告市场，创造 8 亿元市场规模。[①]然而，2019 年 P2P 大规模爆雷，暴露出了中插广告的监控缺失。互联网金融类中插广告通常采用情景剧形式，在剧情中反复向观众暗示这些产品是高收益和安全可靠的，尽管屏幕上也有小字提醒"以实际收益为准、投资者承担风险"，但通常观众会更信任电视剧演员的背书和叙事的力量。P2P 爆雷后，国家有关部门加强了对互联网金融广告的检测和管理，相关金融产品的创意中插仿佛一夜之间都消失了。

网络自制综艺中的广告内容原生化，可以追溯到 2014 年爱奇艺自制的网络综艺《奇葩说》，主持人对广告商品进行了花式口播。网剧中最常见的情景小剧场类创意中插，在后来也慢慢成为网综中应用最广泛的中插类型，无论是歌舞选秀、旅行探险、亲子互动还是脱口秀，最热播的综艺节目中一大半都有情景类创意中插。

随着网综的发展，一种新的创意中插类型开始出现，那就是歌舞类创意中插。2016 年，优酷自制的脱口秀《火星情报局》中首次出现了广告歌。节目中，刘维用 1 分 20 秒的广告歌感谢了清扬、农夫山泉等 7 种品牌。此后，广告歌便成为《火星情报局》的固定广告形式，制作也益发精良——歌曲朗朗上口，产品特性介绍到位，载歌载舞颇具观赏性。

随着网络综艺题材的丰富，歌舞竞技类网综异军突起。优

[①] 参见澎湃新闻，2019 年 7 月 13 日，《P2P 广告"攻占"〈长安十二时辰〉》，https://www.thepaper.cn/newsDetail_forward_3911483。

酷的《这！就是街舞》、爱奇艺的《热血街舞团》，进一步让街舞元素进入创意中插，并且由参加比赛的选手来表演。《热血街舞团》的选手苏恋雅，在创意中插中演绎了一支以推广产品为目的的甩手舞。她在舞蹈中的手势和体姿，与产品 logo 或特性暗合，例如拇指的动作代表手机指纹解锁，张臂画圈聚拢品牌圆形 logo，转头时顺滑流畅的长发代表洗发水的效果，其律动配上后期特效线条和字幕，充满了创意，令人耳目一新。不少观众觉得这段创意中插堪比正片，其精彩程度值得反复观看。

综上所述，创意中插发展至今，在网络剧和网络综艺中发展出两种类型：剧场类和歌舞类。这些创意中插均由节目内容的主要参与者——演员或选手出演，体现着广告主的意图，包含着节目主办方的心思。

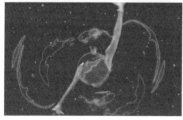

图 3-4、图 3-5、图 3-6 《热血街舞团》选手苏恋雅在同一支创意中插中分别推广了 vivo 手机、百事可乐和海飞丝洗发水。

选秀综艺创意中插的"应援"性质

越来越多的歌舞竞技类节目采用歌舞类创意中插,也在客观上使得受广告主青睐而得以在比赛进程中出演创意中插的选手获得了更多的曝光度。从某种意义上来说,这是对被选中的选手的商业价值的肯定和提升。

这一点在《创造101》系列和《偶像练习生》系列为代表的节目中有更明显的体现。这两个系列代表着网络综艺行业迎来了新型选秀节目的大发展,"偶像养成"进入了大众的视野。选手在节目中不断练习,参加比赛,经历几轮淘汰,最终赢家以偶像养成团体出道。选手是否能出道,未必与其实力正相关,而是在很大程度上取决于其"人气",因为场外支持者的打榜和投票决定了每位选手的排名和去留。以《创造101》为例,节目伊始共有101位选手参赛。如何在前几期节目中被镜头捕捉到,从而被更多观众看到和了解,获得投票,顺利通过第一次淘汰,是摆在101位选手面前最大的难题。这个时候,如果有广告主看中特定选手,让其拍摄创意中插,等于给了这位选手额外的曝光时间,是十分有利于这位选手的后续发展的。这个逻辑,在比赛中后期同样如此。

在新型选秀网综中,选手出演的创意中插,开始被认为具有"应援"性质。也即这些广告不仅服务于广告主,也服务于出演者,有利于出演选手的人气的提升,是一种对出演选手的支持。不熟悉这些出演选手的人也许通过观看广告而记住了他/她,喜爱上了他/她,为他/她投票,或至少能混个脸熟。

很多粉丝因为自己拥护的选手获得较多的创意中插资源，而认为他/她备受"金主爸爸"喜爱，被"老板力捧"，也即受资本青睐，觉得自己没有"粉错"人，继而进一步狂热地打投。一些有实力的选手，如果获得的创意中插资源较少，一些粉丝就会认为他/她不被经纪公司力捧，无法走到最后，从而被激发起反抗心和斗志，组织起来一轮轮疯狂打投，希望将自己喜爱的选手送出道。在创意中插里的曝光度，无论是多、是少，背后都是资本的逻辑，付出的都是观众和粉丝的情感，收获的都是普通人的"为爱续费"。

创意中插的主导方与广告披露

早期创意中插的主导方是影视制作公司。制作公司完成中插广告的招商和拍摄后，将剧集和中插打包卖给播出平台，创意中插的收入便成为制作公司的收益。后来，播出平台渐渐替代了制作公司，视频网站成为创意中插的主导方。影视节目制作周期长，在不断变动的播出政策环境下，哪部剧什么时候能播出，是否能播出，无法确定；由制作方预先做好中插广告并收取费用，对广告主来说风险性相对较高。而视频网站在定档（确定播出时间和方案）后再进行招商、针对性地拍摄制作创意中插，能更准确地根据此时剧集或综艺的收视数据、剧中演员或节目中嘉宾的受欢迎程度来确定中插的费用，同时也确保广告主的投入不会打水漂，不会出现广告主花了钱但中插根本没机会播出的情况。

美国联邦贸易委员会对原生广告提出了三方面的披露

要求——位置（placement）、显著（prominence）、语言明确（clarity meaning）[①]。在我国尚未有政策法规专门约束原生广告或创意中插，但有关法规或部门政策在更宽泛层面上对此有所规定。

《中华人民共和国广告法》第十四条规定："广告应当具有可识别性，能够使消费者辨明其为广告。"国家工商总局发布的《互联网广告管理暂行办法》第七条规定："互联网广告应当具有可识别性，显著标明'广告'，使消费者能够辨明其为广告。"

发展至今，各大视频网站在发布创意中插时，均对其"广告"性质有明确标识和披露，多以全屏提示、边框提示、广告小字等方式，写明了"小剧场""广告""种草时间""脑洞时间"等字样，也有少数通过演员口播来说明其广告性质。这也体现了创意中插作为新兴广告形式，同样在政策法规约束下运行，而且其规范性较其出现之初已有了很大提升。

富贵使我们相遇：VIP与超前点播

在很长一段时间内，中国的视频网站都被视为是"烧钱买市场"的典型——每年斥资数十上百亿元在硬件、软件、内容和运营上，坐拥上亿用户，却很难从用户兜里掏出真金白银，因而不断亏损。中国互联网用户们习惯了享受各种免费内容，

[①] 参见 FTC, 2015, *Native Advertising: A Guide for Businesses*, https://www.ftc.gov/tips-advice/business-center/guidance/native-advertising-guide-businesses。

认为付费是没有必要的，免费才是"互联网思维"的关键。这背后一方面是因为我国互联网用户尚未形成为数字内容、虚拟物品付费的习惯；另一方面也是因为过去大部分网络视频内容并不稀缺，同一部视听作品常常能在几个平台上同时找到；而某个平台独有的内容也没有足够精彩到让广泛的人群付费。

这一情形的扭转，从2015年6月网剧《盗墓笔记》的播出开始。爱奇艺独播的这部网剧由"南派三叔"创作的网络文学《盗墓笔记》改编而来，并由当时十分有号召力的流量明星李易峰和杨洋等主演。《盗墓笔记》作为大IP，吸引了此前积累多年的书粉；剧集的主演是"流量小生"，更吸引了大量演员的忠诚粉丝。大IP改编带来了铺天盖地的媒体报道和社交媒体讨论，也进一步带来很多此前不了解这个IP的新观众。这些因素加在一起，使得《盗墓笔记》未播先热。播出后，盗墓题材的新鲜性和话题度，也使得该剧保持着热度。

《盗墓笔记》起初一周播放一集。播到第五集时，平台改变了播出策略，把全季一次性放出，但只有购买了爱奇艺VIP会员的网友才可提前观看全季，非会员只能每周等待出现新的免费集。全季剧集上线当晚五分钟内，爱奇艺网上收到高达1.6亿次的播放请求、超过260万次的开通VIP会员的订单请求。很多上线当晚未能打定主意开通VIP会员的观众，也因之后不断在社交媒体上看到别人讨论自己没看到的剧情，而忍不住陆陆续续开通了VIP，感叹视频网站会员是"早买早享受"。

爱奇艺凭借《盗墓笔记》，突破了视频网站会员费收费难的问题，主要是因为剧集的话题性大，关注面广，社交媒体上针对剧情的热议给年轻观众带来了社交压力。为了有资格参与讨论，观众不得不买会员；因为是独播，只能买爱奇艺的会员。

凡事有一就有二。自此之后，不同视频网站的多部热播剧采用同样的双轨制：剧集可以免费观看，定期陆续更新，当剧集播放过半，引发一定的讨论度后，平台放出余下的内容，用户如是网站 VIP 会员便可一次性看完；如无 VIP 会员，就需要耐心等待，且能忍受他人讨论最新热门剧情而自己一无所知的感觉。慢慢形成付费习惯的观众，发现 VIP 使追剧更快捷也更快乐，便渐渐忘记了免费的岁月，也慢慢习惯了这笔小额开支。

视频网站的 VIP 会员权限后续出现了新的变化，即使是 VIP 也无法看完全季，只能比非 VIP 用户提前多看 6 集，后面的剧集一样得等平台慢慢放出来。2019 年底，借着又一部大 IP 剧《庆余年》热播的东风，腾讯视频大胆推出了新的收费模式——在 VIP 会员可以提前多看 6 集的基础上，如果再额外花钱，可以用 3 元一集的价格继续解锁后面的剧集，所谓"超前点播"。爱奇艺也推出了类似的服务。

此举在用户中引发了很大争议。甚至有用户认为超前付费点播的方式侵害了自己作为 VIP 会员的合法权益，故起诉了腾讯视频。法院在一审判决中认定《腾讯超级影视 VIP 会员服务协议》部首及导言部分中的免责条款无效，腾讯公司需赔偿林某经济损失 1500 元。然而法院也指出，腾讯视频在会员制度的基础上增设"超前付费点播"模式，是在其权限范围内对其经营模式的调整，商业模式本身并无不妥；也没有损害会员已有权益。①

对于很多观众来说，如果喜欢一部剧，那么想什么时候看就什么时候看、想多久看完就多久看完、不用抓耳挠腮地等着下个星期更新，是一件高兴和痛快的事儿。无论是 VIP 会员，还是超前付费点播，都能满足观众的这一需求。以前卫视剧由于受频道资源和播出时间的限制，无法提供这样的服务，但视频网站可以做到。其背后的逻辑是，只要花钱就可以得到更多、更好的服务。

在观察这些热门剧集的弹幕时，作者发现，有 VIP 会员的初期，常有观众留下这样的弹幕，"大家都是 VIP，说话嚣张点儿"，中间饱含着拥有会员特权的快乐和得意。而到有超前点播服务的时候，常在需要额外付钱解锁的剧集里看到这样的弹幕："富贵使我们相遇"，"确认过眼神，是又花了 3 元钱的人"，有一种交织着自豪与无奈的幽默感。

VIP 会员的设置，还进一步推动了创意中插的发展。

视频网站发展之初，主要有两种广告形式，一种是与卫视剧类似的贴片广告，在剧前和剧末出现，一种是剧中的插播广告，其他还有弹窗广告和角标之类。对于急于想看到内容的观众而言，所有广告都是令人不耐烦的。当打开一部想看的剧集时，先要耐着性子看完 45 秒至 90 秒的贴片广告，而且这些贴

---

① 中国知识产权资讯网，2020 年 8 月 14 日，《用户起诉腾讯视频"付费超前点播"案一审宣判》，http://cn12330.cn/cipnews/news_content.aspx?newsId=124296。

片广告无法通过插件进行广告拦截。但只要购买 VIP 会员就可以无需再看贴片广告。贴片广告成为了一种用户可以通过付费而跨越的障碍，变成视频网站鼓励用户购买 VIP 会员的吸引点。

网络视频用户付费意愿不断提升，在付费用户的广告遮蔽功能下，传统贴片广告的曝光度不断下降。此外，插播广告也受到相关政策的限制。因此，创意中插也变得越发重要，花样不断翻新。

发展至今，VIP 会员的福利包括抢先多看六集热播剧、及时看到热门网综的更新、用 1080P 甚至 4K 的高清晰度观看、免贴片广告等。这驱动了海量观众购买 VIP 会员。在 2019 年里，爱奇艺和腾讯视频分别向公众宣布付费会员的数量超过了 1 亿；爱奇艺 2019 年的会员服务营收同比增长 36%，在总营收中的占比接近 50%，远超其在线广告服务营收。[1] 这些数据显示，中国网络视频行业的变现模式已经发生了巨大转型。类似网络视频全球领军者的 YouTube 所采用的传统的广告收入为主的模式，在中国逐渐转变为了以会员付费加增值服务收入为主的模式。

---

[1] 数据来自腾讯 2019 年度财务报告，https://cdc-tencent-com-1258344706.image.myqcloud.com/uploads/2020/04/02/ef47087db40a44f5b1bd65334f3a52e4.pdf；爱奇艺：《爱奇艺发布 2019 年 Q4 及全年财报》，http://www.iqiyi.com/common/20200228/69cae652e48d19b9.html。

重访受众商品论

广电体制与收入来源

在互联网介入广电播出之前，传统意义上的广播电视体制主要分为公法制（公共服务传媒）、商营制（私营商业传媒）和国营制（公有国营传媒）这三种。（郭镇之，2008）

公法制也叫作"公共广播电视"（Public Broadcasting Service, PBS），以英国、德国、北欧的实践为代表，强调电视的公共事业性质，通常由包括2至3个频道的主导性的公共广播体系，播出全国性节目。公共广播电视无盈利需求，政府对其不具有控制权，但它处于立法机构的监督之下。（郭镇之，2008）公共广播电视体系的财政来源主要包括执照费、基金会捐赠、社会捐赠等，但不同国家的实践略有差异。

以英国为例，二战后，英国广播公司（BBC）除广播外开始播放电视节目。BBC以社会责任和公共利益为办媒体的原则，由一个政府提名、女王任命的董事会监管，董事会成员来自不同党派和专长领域。BBC的主要财政来源为强制公众缴纳的执照费（TV License Fee）。每个拥有电视机的家庭必须每月缴纳执照费，一个月13英镑，无论你看不看，看多少。2018—2019财年度，2580万英国家庭缴纳的BBC电视执照费高达36亿英镑，约占其全年收入的四分之三。另外四分之一的收入来自于其原创内容的售卖。依据英国法律，未缴纳执照费却收看电视的行为将构成刑事犯罪，会被起诉，须出庭受审，面临最高

1000英镑的罚款。[①]作者在英国留学时，刚刚安顿下来，便被房东交代一定不要忘了缴纳执照费，以免莫名其妙被起诉和罚款。每年固定的执照费，使得不经营广告的BBC可以从容不迫地策划制作高质量的节目内容。

1954年英国出现了第一个商业频道独立电视（ITV），打破了BBC一枝独秀的局面。根据《1954年电视法案》，"独立电视主管部门"（Independent Television Authority）成立，专门监督ITV的运作。1980年，第二个商业频道——第四频道（Channel Four）出现，反映出小规模独立电视频道在英国运营的可能性。尽管ITV和第四频道都是以商业频道的身份出现在电视市场上，但和其他更为彻底的商业电视频道相比，这两个频道和BBC一起被认为具有"公共服务的价值观"，是在向公众提供服务。

商营制以美国的实践为代表，将广播电视的经营视作市场行为，以服务于全体"消费者"，换取对公共频道资源的使用，是美国广播电视的主流。从技术方式和营收方式上来说，美国的电视分为三大类，一类是开路电视，也即电视网电视（Network TV），如ABC、NBC、CBS，免费向观众提供内容，同时通过大量广告来获得收益；一类是有线电视，如HBO，观众必须缴纳频道订阅费才可获得特定频道的内容；一类是卫星电视，观众也是通过缴纳订阅费获得组合频道的内容。

国营制则是广播电视事业为国家所有，由政府部门经营，

[①] 数据参见界面新闻，2019年12月16日，《靠英国人"电视税"养活的BBC，可能要被约翰逊"断粮"了》，https://www.sohu.com/a/360757453_313745。

旨在推行政府的政令、对民众进行思想教育和行为引导、促进社会建设和国家发展。其代表国家是前苏联和许多第三世界发展中国家。（郭镇之，2008）也因此，国营制广播电视主要是以政府拨款作为财政来源。

对以上三种广电体制及相应收入来源进行总结，不难发现，其收入来源不外乎国家拨款、基金会捐赠、个人缴纳执照费或订阅、广告这几种，分别来自政府、社会、企业和用户。接受社会捐赠或用户订阅费/执照费的电视台就不再播出广告，通过广告挣钱的电视台就得不到拨款或捐赠。

中国的电视体制与前述西方国家的三种主要体制——公法制、商营制和国营制均有不同。

在2003年中国电视体制改革之前，中国的广播电视长期以来"形成了宣传、事业、管理三位一体，以事业性质为主，事业产业不分的管理体制机制"，"用一项小事业的帽子戴在了一个巨大的多媒体产业头上"。[①] 在电视体制改革之后，中国电视从宣传事业分化为公益性事业与经营性产业，事业由政府主导，产业由市场主导。"事业作为非企业法人，不以营利为目的、主要服务于社会公益需要。产业作为企业法人，以营利为目的，从事生产、经营活动，主要服务于市场消费主体。"而电视的经营，也从当时主要依赖广告收入作为经济资源，而延展为多种盈利模式，其中包括付费电视的发展。（尹鸿、李德刚，2004）当时，尹鸿教授已敏锐地意识到，"以宽带网络为内容平台的

[①] 参见赵实，2003年7月24日，《在全国广播影视局长座谈会上的总结讲话》。

网络,将通过政策性允许而介入原本属于传统广电集团的业务。信息产业肯定会与广播影视行业竞争。"开展手机电视、移动电视等"内容增值服务"将是未来的趋势。(尹鸿、李德刚,2004)

与西方的电视体制进行比对,可以说,以央视和卫视为代表的中国电视媒体具有"合三为一"的传媒属性,既是政府宣传媒体,也是市场商业媒体和公共服务媒体。而在互联网与数字媒体、移动媒体高速发展的新语境中,中国广播电视行业也在积极探索着多种财政来源与营收方式,也不可避免地影响了视频网站的相关营收实践。

受众作为商品

观看免费的电视节目的同时需要看些广告——这已经成为人们长期以来的共识,但很少有人去思考其背后的逻辑。

著名传播政治经济学者达拉斯·斯迈思(Dallas Smythe)所提出的"受众商品论",对后世的媒介产制研究影响深远。他提出,在商品化的过程中,不仅传媒的内容变成商品,受众也变成了商品,被整合进传媒产业经济链中。

斯迈思出生于加拿大,在美国加州大学伯克利分校接受教育,于1937年获得经济学博士学位。他毕业后参与了一系列与媒体相关的实际工作,其中包括在美国联邦电信局(FCC)的首席经济学家的工作。当他离开伊利诺伊大学回加拿大任教后,发展与完善了自己曾在1951年的一次会议发言中提出的受众商品论的思想,指出受众是大众传播媒介的主要产品。(郭镇之,2001)

斯迈思于1977年发表的《传播：西方马克思主义的盲点》一文中，针对这一问题做出了唯物主义的回答。在垄断资本下，大规模制造、受广告商支持的大众传播的商品形态是什么？他认为，这一商品形态是观众和读者，换言之，受众（Smythe,1977）。

在"受众商品论"的理论视角中，斯迈思提醒我们注意广播电视节目的"免费午餐"的特性。在美国，绝大部分广播电视节目无需收费就可观看，但观众并非全无付出。观众虽然没有为观看节目支付金钱，却将其工作之余的闲暇时间用来看电视，付出了"收看电视"这一劳动。观众是否在收看电视，收看电视的人有多少，也就是收视率，是可以通过特定的测量方案而进行统计的。负责测量收视率的公司将收视观众的人口统计学数据出售给广告商。广告商再根据特定节目的观众的特性，即年龄、性别、受教育程度、收入等来决定如何投放广告。通常，某电视节目的观众越多，该节目所获得的广告投入就越多。斯迈思指出，虽然大众传媒在生产各类信息、娱乐和言论，但媒介内容却并非其最主要的商品，受众的劳动才是。也就是说，其中存在着"三位一体"的思考模式，把媒介、受众和广告商联合在一种彼此约束的关系中。用一种通俗的说法来描绘这一过程，便是媒体把免费内容给了观众，又把因此吸引到的观众卖给了广告商。

斯迈思的"受众商品论"在学术界引起了激烈的讨论，反对意见主要围绕两方面展开。一，受众是不是商品，对媒介内容的阅听是否成为了一种劳动？这种劳动是不是一般意义上的劳动？二，如果说受众是一种商品，是否低估了受众的主观能动性？尽管不同学者观点不一，却大都认为斯迈思提出了具有启发性的新视角。

收视率作为商品

比尔·李文特认为，受众的观看时间才是商品。（Livant, 1979）而在相关学术讨论中，艾琳·米翰（Eileen Meehan）提出"收视率商品论"，从另一个角度给出了颇具洞识的分析。

米翰认为斯迈思的受众商品理论的基本观点经受住了时间和研究的考验，且使得受众成为批判性传播研究关注的对象。她进一步拓展了斯迈思的假说，提出，在商品化的过程中，交换的不是信息，也不是受众，而是收视率。也就是说，广播电视生产的并非特定节目的受众本身，而是关于受众的人口统计学信息，如数量、组成、媒介使用模型等等。在她看来，大众传媒与广告商之间的交易，均是通过收视率进行的（Meehan, 1984）。

莫斯可肯定了收视率才是商品这一看法，并由此转向对其控制论（cybernetic）本质的阐述。莫斯可认为收视率的测量是相当重要的一环，商品化的过程离不开测量手段和监控技术。他举例说，为了卖给广告商而生产的广告片的长度和广告时间的总量要精确，这便是测量；而人口统计和态度方面的资料被用于媒体商品的生产，这便是监控。因此收视率是控制论意义上的商品，代表了媒介商品化过程的进步，起源于总体化的监督控制程序，运用了发达的传播和信息技术（莫斯可，2000：150—151）。

注意力作为商品

前辈学人针对"免费商业电视"的营收模式的立论颇具启发性。但今天重访其观点，发现也有可商榷之处。

正如米翰所言，斯迈思认为受众是一种商品，这种表述是不严谨的；因为广告商无法真正"购买"到受众，其付费也不是为了"拥有"或"使用"受众。但米汉自己提出的"收视率是一种商品""交换的是收视率"，同样不够严谨。

那么，广告商向媒体付费，购买的到底是什么？表面上看是媒体中某一时间或空间的位置，所谓"版面""时段"等，用来播映广告及营销内容。再深入分析，实质上是媒体将营销和劝服的信息暴露在受众面前的机会，是受众对之投入的注意力。而收视率，并非广告商在同媒体交易过程中要购买的"商品"本身，而是为这种"商品"——受众注意力——定价的一个重要指标。

电视的收视率，就好比地铁站每日人流量的数据。城市中心某地铁站日均人流量如果是郊区某地铁站的三倍，那么其灯箱广告的价格自然可以有相应的提升，因为广告商在此可"购买"到更多潜在的受众注意力。在网络视频行业中，过去的收视率概念，被如今的点击量、评论量、跳出率等一套用户观看和行为数据代替。同样的，网络视频的广告主向视频网站付费，当然不是要购买这些数据本身，而是依据这些数据所反映的情况与视频网站进行价格协商，目的是买到尽可能多、尽可能有针对性的用户注意力，完成广告信息的有效传播。

因此,"注意力作为一种商品"或许更清晰准确地揭示了这样一种交易模式的本质。而且在今日中国,它或许还有更多的解释力,来阐释一些新兴的社会文化现象。

"流量明星"与"粉丝做数据"

例如,近年来在影视文娱行业一直颇具争议的"流量明星"问题。人们常常会问,为何一些初出茅庐的年轻偶像,也没有什么公认的高质量的影视歌代表作,仅仅由于其外貌出众、甚至只是被包装出来的"人设"魅力,就能拥有高昂的出场费和广告代言费?一些资深演员歌手,参与创作过许多优质内容,其市场回报和个人收入却远远低于这些"流量明星""小花""小鲜肉"?

其实这种看似矛盾的现象恰恰展现了不同的营收机制逻辑之间的冲突。当我们以"内容作为商品"的逻辑去评价和要求实际按照"注意力作为商品"的逻辑运作的产业现象时,就会出现上述的种种疑惑。

从传统的"以内容作为商品"的角度来看,商品的市场回报与其内容的品质优劣有正相关关系。一般而言,大众公认的优质内容会带来相对更高的收入。但从"以注意力作为商品"的角度来看,艺人的市场回报,不取决于其是否创造出优质内容,而取决于他/她可以多大程度上汇聚人气、吸引眼球,取决于他/她可以为广告主带来多少有效的注意力。在后一种营收机制逻辑的轨道上,内容的高雅或低俗、出众或平庸、创意十足还是鸡毛蒜皮,都变得不那么重要。当一个流量明星在微博上问一声好就可以有数以万计的评论和转发，登上某期杂志封面就让该期杂志一夜之间销售一空，就是在反复验证自身的"吸睛力"。而"吸睛力"作为广告主购买用户注意力商品的关键定价指标，通过营销过程自然地转化为"吸金力"。当然，后一种逻辑可能带来的文化弊病和道德弊病，是另一个话题了。

基于"注意力作为商品"的观点，可以进一步剖析所谓的"粉丝做数据"现象。近年来学界对此也有所重视，常将"做数据"行为视为"粉丝劳动""数字劳动"（fan labor/digital labor），包括在各种社交媒体平台上打榜、投票、顶上热搜、控评、刷评分等各种可以产生流量数据（traffic data）的粉丝自发行为。当然随着偶像产业的成熟和粉丝文化的流行，越来越多的"做数据"行为，已经变成由各种利益相关机构组织和指挥下的粉丝集体行动。

一些学者从文化研究的视角，讨论了"做数据"背后的情感动机、对粉丝的积极意义和"在线粉丝文化"（online fandom）被算法控制、被产业收编的局面。虽然大家公认"做数据"是一种劳动，也认为粉丝的劳动成果被平台、公司或是偶像攫取了（又或是粉丝慷慨地赠予和奉献，所谓"爱的供养"），但作者尚未见到有研究清楚地剖析了这种劳动究竟生产出什么商品，谁来购买它，其价值又如何内嵌于偶像产业之中。

作者认为，"粉丝做数据"的劳动，直接产物就是一系列的数据本身，而这些数据直接指向并衡量的，是偶像（idol）本身的"吸睛力"或曰"流行度"（popularity）。在不考虑"做数据"的前提下，我们可以想象，在任一特定时刻，每个偶像在同一个社会/市场中的流行度是存在相对客观的差异的,包括有多少人喜欢和关注该偶像、每个人的喜欢和关注程度等。尽管难以实际测算,但理论上这些情况是可以转为量化指标并得到可比较结果的。而"做数据"的目的,就是让市场对该偶像的流行度的认知,形成高于其实际排名位置的印象——换言之,是一种在关键指标上的"数据造假"行为。例如,新出道的某个年轻偶像,也许他的真实市场流行度排在百名开外,但通过其经纪公司的运作和粉丝的辛勤数据劳动,他可以持续出现在微博热搜,并在各种娱乐排行榜中保持前五。这样市场和广告主对其流行度的普遍认知或许就是排名前十以内的"顶流"。也就是说,到底有没有一千万忠诚粉丝不重要,只要广告主和市场认为他有,就可以了。

如前所述,当相关产业遵循"以注意力为商品"的逻辑运转时,"吸睛力"向"吸金力"转化的关键标准,就是用户数据所反映的该偶像能带来用户注意力的能力;而"做数据"劳动造成的结果是,广告主和市场对该偶像有高于其实际吸引注意力能力的评价,从而付出更高的价格,或在相关投资决策时更为大胆。

例如,近几年来国内有多部选择流量明星主演的电影投资巨大,但最终票房远不如预期,甚至惨遭口碑和票房的双重败北。究其原因当然是多方面的,但其中很重要的一点,正是投资方和制片方对这些流量明星的市场号召力有远超其真实地位的认知偏差;同时,电影的营收机制逻辑恰恰又更加偏向"内容作为商品"的轨道。近年一些网络剧也有相似状况发生。

综上,通过"做数据",粉丝付出了劳动,产生出不尽真实的流量数据,从而让市场在定价时,认知产生偏差;偶像及其背后的利益团体是主要的获利者;提供榜单和口碑讨论平台的社交媒体与网络视频等,也从粉丝带来的流量中获利;而广告主和其他市场投资主体则为造假行为买单。当然,这些"做数据"的粉丝本身也是特殊的、富有热情的、对广告主颇具价值的用户,他们往往可以为了"追星"、为了"爱"而消费自己并不需要或明知价格高于正常的商品。这也是当前许多偶像所谓"带货"能力极强的重要原因。但这样的消费和市场是否健康而可持续呢?

不论如何,上述情况都远远超越了传统的"受众商品论",需要我们用不断更新的理论观点来回应和阐释。

"三元商品论":注意力、内容与增值服务

中国网络视频行业从新生到崛起,一直在与中国传统广播电视行业的竞争与合作中谋求发展,从互联网运作与互联网思维中吸取经验,并受到国外网络视频领军企业的经营实践的影响。

YouTube、Netflix 和 Disney+

目前,国外视频网站主流营收模式以 YouTube、Netflix 和 Disney+ 为代表。

YouTube 作为网络视频行业的开创者和领军企业,一直鼓

励专业或非专业的用户上传 UGC 视频，也为媒体和组织机构开设官方频道。任何人都可以免费看到 YouTube 上的内容，所以不难想见，其收入以广告为主。YouTube 母公司 Alphabet 2019 年第四季度及年度财报显示，2019 年 Alphabet 总盈利 1620 亿美元，其中互联网巨头"Google 搜索"的广告盈利高达 981.15 亿美元，而 YouTube 广告（YouTube Ads）带来的盈利也达到了 151.49 亿美元。①

YouTube 也开启了"YouTube Premium"的用户订阅计划，2020 年的订阅费为每月 11.99 美元。订阅用户在观看视频时可以免受广告打扰，在使用其他应用或锁屏时也能继续播放，还能下载视频供离线观看。订阅用户在使用 YouTube 音乐和 YouTube 儿童频道时同样可以免广告和实现后台播放。②

据 Alphabet 的首席执行官桑达·皮采（Sundar Pichai）披露，2019 年第四季度 YouTube Premium 和 YouTube 音乐共有两千万订阅用户。2019 全年，这些用户的订阅费和 YouTube 的其他非广告收入加起来超过了 30 亿美元，仅相当于 YouTube 广告年收入（151.49 亿美元）的五分之一。③

YouTube 主要提供个人与机构制作（UGC 和 PGC）的内

---

① 数据根据 Alphabet 2019 年财报计算而来，https://abc.xyz/investor/static/pdf/2019Q4_alphabet_earnings_release.pdf。
② 此处信息来自 YouTube 对会员计划的介绍，https://www.youtube.com/premium?ybp=OgIIEEoNCAYSCXVubGltaXRlZA%253D%253D。
③ 参见 https://gadgets.ndtv.com/entertainment/news/youtube-music-premium-paid-subscriber-figures-20-million-tv-sundar-pichai-google-alphabet-earnings-2174854。

容，而 Netflix 主要提供版权内容，包括自制和版权采购的专业长视频。Netflix 的盈利方式主要是会员费。不支付会员费，无法看到该站上的内容（新用户有 30 天的免费试用期）。Netflix 的会员费分三个等级：基本（11.98 美元）、标准（15.98 美元）和高级（19.98 美元），主要区别在于视频画质，分别为 480p、1080p 和 4k+HDR，以及可以同时观看的屏幕数，分别是 1 个、2 个和 4 个。①Netflix 以精彩的内容吸引了大量来自世界各地的年轻会员。Netflix 的财报显示，2019 年度总盈利约为 201.6 亿美元。2020 年新冠疫情提升了人们观看网络视频的需求，Netflix 第二季度营收 61.5 亿美元，在全球新增付费订阅用户 1010 万。②

Disney+ 是网络视频业的晚来者，2019 年底刚刚推出，其用户数已经超过 5 千万。作为版权内容大户，Disney+ 的平台上有迪士尼、皮克斯、Marvel、星球大战和国家地理的内容，除了少数几部版权不完全在手中的电影，复仇者联盟中的所有英雄的电影都能看到。这些影视内容本来就是全球最热门的内容，能在视频网站上集中观看，对观众颇具吸引力。Disney+ 同样以收取会员费为主要盈利方式，且费用相对低廉。在提供内容的清晰度均达到 4k 高清的情况下，Disney+ 的会员月卡仅为 6.99 美元，年卡为 69.99 美元。如果买 Disney+、Hulu 和 ESPN 联合

---

① 参见 Netflix 的官网介绍，https://www.netflix.com。
② 财报数据参见 https://www.netflixinvestor.com/financials/annual-reports-and-proxies/default.aspx。

月卡，套餐价为12.99美元。这个价格明显低于Netflix，也体现出版权内容大户在进军网络视频业时的资源优势。

因为疫情的原因，2020年迪士尼出品的真人版《花木兰》（Mulan）取消了在影院上映的计划，改为从9月4日起在Disney+上播出，一次性支付高级会员（Premier Access）费，便可获得新片的观看权。Disney+在不同国家定价不同，在美国售价29.99美元，英国售价19.99英镑，澳大利亚售价34.99美元，加拿大售价34.99美元[①]。这是一个远超出影院票价的溢价，也是Disney+首次尝试这种增值服务。不过对于中国观众来说，在已经拥有会员卡的前提下另外付费观看某部电影或剧集的大结局，已经是司空见惯的操作了。如果Disney+的用户舍不得额外支出这笔费用，也可以再等上几个月，等到12月初，拥有普通会员卡的用户也可以免费观看《花木兰》。[②]

综上，YouTube模式是向观众提供免费内容，换取商业广告的投放，将受众的"注意力作为商品"。这种模式承袭了以ABC为代表的地面电视的做法。

Netflix和Disney+的模式均为向观众提供高质量影视内容，以换取观众的订阅费，是将"内容作为商品"。这种模式承袭了以HBO为代表的有线电视的订阅费做法。它跟"增值服务作为商品"的模式的区别在于，如果不付费成为会员，你什么内容

---

① 参见 https://www.gamesradar.com/disney-plus-price-release-date-shows-movies-streaming-marvel/。

② 参见 https://www.gamesradar.com/here-is-when-mulan-will-be-free-with-your-disney-plus-subscription/。

也看不到。

动态调整的三元营收模式

而纵观中国各大视频网站，目前都没有采用单一的营收模式，而是普遍体现为"注意力、内容、增值服务"三大元素齐头并进，围绕这三个元素建构营收模式，并根据用户数据和市场形势进行动态调整。

首先，各大视频网站都有大量免费内容，无论是过去已经播过的存量影视剧，还是正在热播的剧，都有很多是免费的。只要足够有耐心，热播剧按播出周期规律播完后，大部分情况下，观众都有机会免费追完全剧。热播的影片，开始时通常需要额外收费，但过一段时间后，一大部分会渐渐转成免费。海量的免费内容，足够让一个普通观众度过许多闲暇时间，而观众所需要付出的便是自己的"注意力"，耐心看完强制观看的贴片广告。而网站将用户"注意力"商品再转售给广告主并获得收入。

其次，各大视频网站也推出点播服务，将"内容作为商品"，让观众为自己喜欢的内容单次付费。这在热播电影上体现得最为明显。电影的窗口期，是电影在院线上映与在电视、互联网等其他渠道播出的时间间隔，这个间隔的长短是不同渠道间的博弈。随着视频网站的强势发展，电影的窗口期越来越短。全球范围内，越来越多的电影提前上线，视频网站的变现渠道变得越来越重要。不同的电影，收费策略不同。除了所有人都能免费观看的电影外，有一部分电影允许网站的VIP会员免费观看，而非VIP会员则需单独付费观看，但单片价格不高，只需几元钱，远低于影院票价；另一部分电影即使VIP会员也需要付费观看，但同样价格不高，且低于非VIP会员的价格。在支付过程中，中国互联网基础设施的优势显露无遗，微信、支付宝的扫码支付功能非常便捷，优化了用户的付费体验。

第三，各大视频网站推出花样翻新的增值服务，以满足用户对于"更高（清晰度）、更快（看到新内容）、更强（互动功能）"的在线视频观看需求和体验。一旦付费购买了VIP会员这种"增值服务"商品，相比非会员，就可以不用再单独付费地观看更多电影、抢先多看若干集热播剧和热门网综的更新、获得1080P甚至4K的高清晰度观看体验、免看贴片广告等，也包括弹幕色彩功能、网站个人空间"装扮特权"、评论中可添加表情、所运营游戏的福利礼包等等。"优爱腾"、B站和芒果TV这几家头部视频网站的VIP会员，成为很多用户的固定支出。相对于能够看到的海量视听内容、能够打发掉的大量时间而言，很多年轻观众觉得，这些视频网站每家大约15元左右的VIP月卡，不过是一杯奶茶的价格，不算值得计较的支出。为了推动用户购买年卡，各大视频网站还经常推出各种优惠促销活动，如购买爱奇艺年卡同时获赠京东PLUS会员年卡，或者购买腾讯视频年卡可以获得亚马逊Prime联合套餐等。

而"超前点播"作为一种观看特权，其出现进一步强化了"只要用户想要，而且愿意掏钱，视频网站就可以提供"的逻辑。部分用户愿意多花钱来满足自己即刻观看的欲望；而所谓"超前点播""提前观看"，其实是视频网站人为制造的体验差异，目的是通过比较优势来增强付费用户的体验，让他们产生优越感，并乐于在社交媒体上分享观看感受、制造话题。如果一部当红网剧按部就班地每周几集、播完整季；又或者响应用户要求，将最后五集一次全部放出，这些做法就不会制造体验差异，也不能带来额外付费。

第四，创意中插是一种特殊的广告形态。其特殊不仅表现在许多用户对待它的态度并不像对待传统插播广告那样厌恶，常常将其作为一种有趣的内容来观看；更表现在即使你已经购买了可以免除广告的增值服务，成为了网站的VIP会员，你仍然会看到创意中插，看到"僵尸卖游戏"。从另一个角度来说，"增值服务作为商品"的营收模式的极大普及、腾讯和爱奇艺等网站过亿的付费会员数量、VIP会员免看广告的特权，又反过来不断推动创意中插的迅速崛起和泛滥。

总之，中国网络视频行业在长期的实践中，首先吸纳了互联网行业"烧钱换市场、免费换流量"的思维，希望通过风险投资、迅速扩张、击败竞争对手形成垄断或领先地位，再谋求变现。然而网络视频行业高昂的带宽、服务器、内容成本，使得头部视频网站也迟迟难以实现整体盈利。迄今为止，除芒果TV宣布盈利外，"腾爱优"三家每年的亏损金额合计仍高达数百亿元。因此，有效的营收模式已经成为当前中国网络视频行业发展的重中之重。而"注意力＋内容＋增值服务"的三元营收模式，就是各家头部视频网站通过实践交出的一份答卷。

参考文献

Livant, B. 1979. "The Audience Commodity: On the 'Blindspot' Debate." *Canadian Journal of Political and Social Theory*, Vol.3, No.1.

Meehan, E. R. 1984. "Ratings and Institutional Approach: A Third Answer to the Commodity Question." *Critical Studies in Mass Communication* 1(2): 216—225.

Smythe, D. W. 1977. "Communications: Blindspot of Western Marxism." *Canadian Journal of Political and Society Theory* 1 (3): 1—28.

郭镇之，2001，《传播政治经济学理论泰斗达拉斯·斯麦兹》，《国际新闻界》第 3 期。

郭镇之，2008，《中外广播电视史》(第二版)，上海：复旦大学出版社。

康瑾，2015，《原生广告的概念、属性与问题》，《现代传播（中国传媒大学学报）》第 3 期。

莫斯可，2000，《传播政治经济学》，胡正荣等译，北京：华夏出版社。

尹鸿、李德刚，2004，《中国电视改革备忘》，《南方电视学刊》第 2 期。

喻国明，2014，《镶嵌、创意、内容：移动互联广告的三个关键词——以原生广告的操作路线为例》，《新闻与写作》第 3 期。

周艳，2011，《解析互联网媒体的内容运营和广告营销新模式》，《现代传播（中国传媒大学学报）》第 12 期。

第四章 从山海经到玄幻剧：传统文化的创造性转化

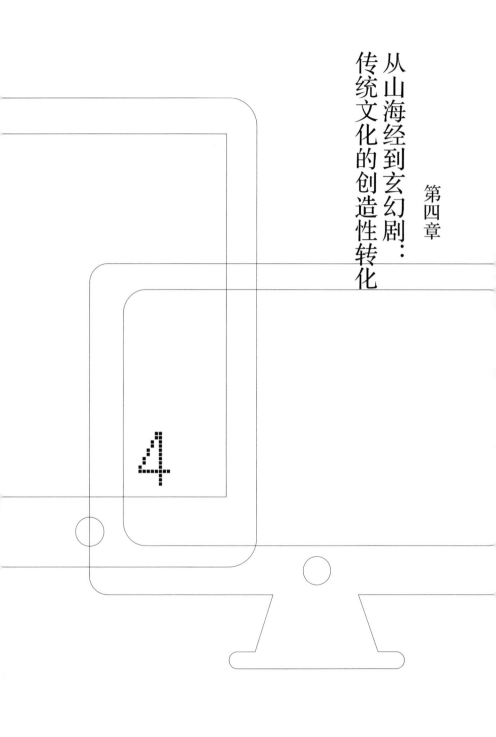

玄幻剧：玄幻小说衍生的网剧新类型

玄幻剧作为近年来最值得关注的国产剧类型，因2015年大热的《花千骨》真正走入广大观众的视野，又因2016年的《三生三世十里桃花》《青云志》和2017年的《九州·海上牧云记》《择天记》相继引发广泛讨论。2018年，《扶摇》《香蜜沉沉烬如霜》《莽荒记》《武动乾坤》《斗破苍穹》和《大主宰》等纷纷面世，再次掀起玄幻剧的收视热潮。

在中国近年的IP改编影视热潮中，影视创作者从网络小说、游戏、漫画中寻找原创故事，进行影像再创作。绝大多数玄幻剧正是由知名网络玄幻文学改编而来。"玄幻"一词最早是香港作家黄易用于描述自己的"建立在玄想基础上的幻想小说"，后来其含义衍化宽泛（邵燕君，2018：250）。20世纪90年代网络文学兴起后，带有玄想、修仙、法术元素的网络文学作品与日俱增，最终形成独具中国特色的玄幻小说。

玄幻小说在创作和阅读过程中逐渐形成了所谓的"性别偏好"，被网络小说阅读平台区分为男性向和女性向，或简称为男频（男生频道）文和女频（女生频道）文。女频玄幻小说以爱情为主线，以玄幻为背景，代表作如《三生三世十里桃花》；而男频玄幻小说更偏重虚构世界中主人公的修炼成长和权谋策略，代表作如《凡人修仙传》《斗破苍穹》。电视剧创作者在改编玄幻IP时，先选择的是更吸引年轻女性观众的女频小说，如《花千骨》和《三生三世》，面世后得到了市场的良好反馈。随后，各大网剧平台又推出了男频玄幻小说改编的电视剧，如"起点"网玄幻小说收藏榜中排名前列的《斗破苍穹》等。

玄幻剧在中国电视剧发展史上是一个崭新的类型。因其原著小说积累了海量读者和粉丝，IP影视化的过程中又大多选择当红"流量明星"主演，尚未推出便已引发大量讨论，推出后不少剧集获得良好的收视。玄幻剧的出现，改变了中国电视剧观众的人口结构——在主流观众即家庭主妇或中老年人之外，青年观众大大增加；影响了中国视频网站竞争格局——独家播放流行玄幻剧可带来新增用户、增强用户黏性；还从类型和风格上带来创新——国产电视剧长期以来的现实主义传统和历史题材剧之外终于有了新兴的成规模的开拓。

取材中国传统文化，架构玄幻"虚构世界"

作者认为，玄幻剧已成为一种崭新的电视剧类型，有别于英美等国成熟的电视剧类型科幻（science fiction）剧和奇幻（fantasy）剧。其关键标志之一，是玄幻剧中的故事广泛取材于中国传统文化元素，并在此基础上建构了独具中国特色的"虚构世界"。

第四章　从山海经到玄幻剧：传统文化的创造性转化

所谓"虚构世界"，即作者在想象中构建的宇宙设定或世界架构；在这个世界里，有与现实世界不同的时间空间设定、历史事件甚至是人种和物种。哲学家莱布尼茨的"可能世界"（possible worlds）是虚构世界的重要哲学来源。哲学界所讨论的可能世界基于这样的出发点——世界有多种存在可能，而我们身处其中的真实世界是许多"可能世界"中的一个。托尔金在20世纪50年代出版的奇幻小说《指环王》三部曲在西方引起巨大反响，他将小说中致力于建构的中土世界称为"第二世界"（secondary worlds），即读者身处其中会不知不觉地相信其真实性的世界（梁君健、尹鸿，2017；梁君健、李浚，2017）。林·卡特（Lin Carter）在研究托尔金小说的基础上提出"想象世界"（imaginary worlds）的概念，来指称幻想小说中的世界（Carter，1973），并被后来的文学研究者所采用。文学理论家托马斯·G.帕威尔（Thomas G. Pavel）则采用"虚构世界"（fictional world）的提法，解释与现实世界无关的虚构世界能对读者产生吸引力的原因和方式（Pavel, 1989）。"虚构世界"和"虚构宇宙"（fictional universe）在实际应用中均被用来指代在电影、电视、游戏、小说、漫画等中与真实世界相区别的世界。"虚构世界"的建构方式通常也被称为作品的"世界观"。而世界观又将直接影响作品中的人物设定、事件逻辑、剧情走向和艺术风格。

因此，如果说科幻剧的幻想建立在科学原理的基础上，无论是人工智能、星际探索还是赛博格（cyborg），都具有一定的科学可能性；那么玄幻剧却是反科学的，其世界观极大程度上不遵循科学逻辑，大量采用修仙、转世、巫蛊、神鬼等设定。

而同样反科学的奇幻剧，其文化之根深植于欧美神话、历史与民间传说，这与从中国传统文化中生长而来的玄幻剧也大不相同。

中国的神话传说庞多繁杂，并未形成一个公认的规则自洽、整合各路神仙鬼怪的统一宇宙。在建构"虚构世界"的过程中，中国的古代神话、少数民族神话、宗教故事、民间传说中丰富的神仙体系、鬼怪轶事、地理空间、神话思想等都为玄幻故事创作者提供了灵感来源，经典的包括《山海经》《天问》《淮南子》《抱朴子》等，志怪小说如《搜神记》《西游记》《封神演义》，近代还有《聊斋志异》《镜花缘》等讲述鬼怪妖精或奇闻异事的小说。

其中，先秦古籍《山海经》是现存古籍中保存中国神话资料最多的著作。全书共十八卷，共包括《五藏山经》五卷，《海外经》四卷，《海内经》四卷，《大荒经》四卷，《海内经》一卷（袁珂，2017）。《山海经》是玄幻故事灵感的重要来源。

本章选择近期流行的玄幻剧为分析起点，旨在借一斑窥全豹，探究中国玄幻剧之世界观是如何汲取《山海经》及有关古代经典中的各种元素加以混搭再创作，从而使得中国传统文化在广受青年喜爱的流行文化中得到传承与创新。研究发现，当前流行的玄幻文本至少在三方面明显继承了以《山海经》为代表的中国传统文化资源：时空观、种族观和生死观，来架构其世界观；同时又结合了青年人的生活经验和情感结构加以改造和创新。

玄幻世界观中的时空观

"混沌":宇宙的开始

屈原在《天问》中问道:"上下未形,何由考之?冥昭瞢暗,谁能极之?冯翼惟象,何以识之?明明暗暗,惟时何为?阴阳三合,何本为化?"这一系列追问代表了古人的孜孜以求:天地如何形成,日夜如何区分,也即宇宙如何开始。

玄幻剧在架构世界观时,大多将"混沌"及混沌的分化作为宇宙的开始。例如,电视剧《香蜜沉沉烬如霜》的首集,以旁白解说道:"太初有道,化生阴阳二气,清浊自分,这便是我们所知的天魔二界。阴阳交感,氤氲相合,诞出日月星辰,花鸟鱼虫,继而分出善恶正邪。其后万物各自修行,修出神仙妖魔,还有血肉之躯的凡人。"[1]

这种在玄幻故事中常见的设定,在古人的流行小说中早已盛行。如《西游记》第一回所言:"混沌未分天地乱,茫茫渺渺无人见"(吴承恩,2012:1)。《封神演义》开篇便有"混沌初分盘古先,太极两仪四象悬"(许仲琳,2014:1)。

这种对宇宙生成方式的想象更可上溯至古代哲学典籍。成书于魏晋的《列子·天瑞》中写道:"太易者,未见气也。太初者,气之始也。太始者,形之始也。太素者,质之始也。气形质具而未相离,故曰浑沦。浑沦者,言万物相浑沦而未相离

---

[1] 录自电视剧《香蜜沉沉烬如霜》第一集字幕。

也。"（列御寇，2014：5）这种天地开辟之前元气未分、混乱冲突的薈暗状态就是"浑沦"（义同"浑沌"、"混沌"），也是"先天五太"最后一个阶段。这样的想象，写入明代的发蒙读物《幼学琼林》后，成为中国古代社会从世俗到精英普遍接受的世界观。

因此，玄幻作品大量继承此类宇宙生成论，以混沌为初始，尔后化生阴阳五行天地万物。这不仅因沿袭传统文化及民间思潮而带来文化接近性，便于受众理解认同；更重要的是，由此为基点，建造了横向上"中心—边缘"、纵向上"飞升—下界"的空间结构或曰多重世界体系。在很多玄幻作品中，混沌分化后形成了相互独立的世界，不同世界存在着不同的种族、物种、习俗、规则；不同世界之间的关系，要么是"中心—边缘"的关系，要么是纵向攀升的关系。虚构世界中的玄幻故事，却映射和再现着现实社会中的权力关系。

"昆仑"：百神之所在

昆仑，是《山海经》中被赋予重要意义的地理空间，且其含义不断发生变化，先是山野状态，后是神仙之所。它从《山海经·大荒西经》中的大山——"昆仑之丘"，演变成《山海经·西山经》中"司天之九部及帝之囿时"的神明陆吾所掌管的"帝之下都"，再到《山海经·海内西经》中由开明兽镇守、拥有九门的"百神之所在"——昆仑虚。昆仑成为令后人神往的神秘之地，常入各种诗词文赋。屈原在《河伯》中道："登昆仑兮四望，心飞扬兮浩荡。"

第四章 从山海经到玄幻剧：传统文化的创造性转化

在此影响下，当代玄幻故事中多有"昆仑"。

有的玄幻故事仅将"昆仑"视作大山。例如收视颇高的都市玄幻剧《镇魂》中，男主人公之一赵云澜的真实身份是上古昆仑山圣。按原作设定，盘古劈开天地后，轰然倒地，四肢头颅和巨斧化为山河；"昆仑山天生地长，亿又三千年，幻化出山魂，被封为昆仑君"①。因着这样的身份，原书中的昆仑君才能在表情达意时说出洒脱之言："我富有天下名山大川，想起来也没什么稀奇的，不过就是一堆烂石头野河水，浑身上下，大概也就只有这几分真心能上秤卖上两斤，你要？拿去。"②

更多情况下，昆仑被建构为修仙之所、登仙之地、众神之所、解救世间的最后屏障等等。这也对应了《山海经》中将"昆仑虚"视为神仙之地的乐园的说法。例如，《昆仑归墟》直接以昆仑命名，主人公亦因昆仑开启了求仙之旅。徐公子胜治所著的系列小说《神游》《鬼股》《人欲》《灵山》中将昆仑设定为修仙之地，主人公之一、仙人风君子即来自昆仑，而另一位主人公梅野石最终修仙成为了东昆仑的盟主。《大主宰》中的"大千宫"，自古以来便是百灵天中高手的居所，第一代的宫主为"不朽大帝"，其中也隐含了昆仑的设定。

此外，在一些玄幻故事中，反派凡是想进入昆仑，常常非死即伤。例如，在《三生三世十里桃花》中，昆仑虚是父神的居所、修仙的仙山，天族在昆仑虚设下屏障，而反派翼族一旦

---

① 原文摘自 Priest 网络小说《镇魂》。
② 同上。

接近，昆仑虚便会自动开启防护系统以保护天族不受伤害。这种设定也可在《山海经》中找到源头：昆仑在"西海之南，流沙之滨，赤水之后，黑水之前"，"弱水之渊环之，其外有炎火之山，投物辄然"，"昆仑南渊深三百仞"（郭璞，2015：364、364、296）。因此昆仑是神秘的、难以接近的。

因昆仑为虚构之所，在玄幻剧中，昆仑大多靠电脑特效完成影视化。在色彩设计中，昆仑大多具有写意中国画的淡雅风格，采用明度高的白色、浅蓝色和浅绿色，来构建云山雾罩中的神仙之所，营造仙气缥缈之感。

"大荒"：世界的边缘

如果说玄幻剧中的"昆仑"，常常成为世界的中心——并非指地理位置的中心，更多的是权力的中心、精英的居所；那么玄幻故事中的虚构世界的边缘，其设定常常采用"大荒"或"八荒"的概念。

"大荒"，泛指极其偏远荒凉之地。《山海经·大荒经》以"荒"命名，包含东、西、南、北经。《大荒东经》记载："东海之外，大荒之中，有山名曰大言，日月所出。"《大荒西经》记载："西海之外，大荒之中，有方山者，上有青树，名曰柜格之松，日月所出也。""大荒之中，有山名曰大荒之山，日月所入。有人焉三面，是颛顼之子，三面一臂，三面之人不死。是谓大荒。"（郭璞，2015：330、356、368）

谈及大荒，动辄便是天地相接、日月出入。可见《山海经》对于"大荒"的想象与距离有关，是古人想象中的世界边缘，会有着古怪的环境和各种不确定性。

"八荒",又称"八方",指八方荒忽极远之地①,是封建时代对极其偏远地区的称呼。在远古时代中并没有对"八荒"的解释,但有"四荒"、"四季"的记载。《尔雅·释地》记述:"东至於泰远,西至於邠国,南至於濮铅,北至於祝栗,谓之四极。"郭璞注:"四极,皆四方极远之国。"《尔雅·释地》又记述:"觚竹、北户、西王母、日下,谓之四荒。"(管锡华,2014:434)郭璞注:"觚竹在北,北户在南,西王母在西,日下在东,皆四方昏荒之国,次四极者。"

玄幻故事沿袭了以上观念,对世界边缘的设定一般采用大荒和八荒的概念。例如,《三生三世十里桃花》中的白浅上神,动辄便被称为"四海八荒第一美人"。而《花千骨》中的花千骨因罪被逐去六界之外的"蛮荒",蛮荒在电视剧中被设定为流放罪大恶极的仙人之地,生活条件恶劣,无法使用法术,难以逃离,只能自生自灭。

"昆仑—大荒"的关系正对应着玄幻世界中"中心—边缘"的关系,昆仑是神仙之所,是能力和权势集聚的中心,而大荒是原始、蛮荒和偏远之地,是被逐出权力中心者的去处。"昆仑—大荒"的设定正符合中国古人长久以来对宇宙的想象。葛兆光曾写道,"以中央为核心,众星拱北辰,四方环中国的'天地差序格局'给殷周人提供"了"一个价值本原",在这种"宇

---

① 贾谊《过秦论》提,"囊括四海之意,并吞八荒之心"。(吴楚材、施适,2016:219)

宙结构"的想象的基础上，形成了"一个整齐不乱的秩序"，"在这一秩序中古代中国确立了自己的价值的本源、观念的样式和行为的依据"（葛兆光，2004：53）。玄幻故事中，以类似"昆仑—大荒"概念为基点架构各个大陆或大州，建构起颇具中国古代思想里"中国——蛮夷"体系天下观的虚构世界体系。

源自现实经验推衍的地域空间设定

昆仑和大荒之外，玄幻剧中还有很多地域也是参考古代典籍中已有的地名设定的。例如《花千骨》，其主要场景"长留仙山"在《山海经·西山经》中有记："长留之山，其神白帝少昊居之"（郭璞，2015：65）。《三生三世十里桃花》剧中的其他地域，如"青丘国"、"琅琊台"、"轩辕"、"洛水"、"蓬莱山"、"列姑射山"等，也均在古籍中有记载。

世俗想象的空间也成为一种地域设定的来源。例如，《三生三世十里桃花》中有一个重要的地域叫"十里桃林"。《桃花源记》曾记，桃花源是一个神秘而令人向往的所在，融合了世人希冀中的无战乱的清平世界的愿望。剧中的十里桃林正是令众神艳羡的逍遥之所，是上神折颜的避世之处，景色优美，美酒醉人。

玄幻世界观中的种族观

仙 / 魔、妖 / 兽与人 / 鬼

玄幻剧中的种族主要包括仙 / 魔、妖 / 兽和人 / 鬼。不同种族通常居住在不同的大陆或区域。每一类又可进一步细化。例如，兽族中有龙族、鸟族（羽族）、鲛人族、狐族等。在电视剧的视觉呈现中，兽族依旧以人类形象出现，只是在头饰、服装和化妆上突出其种族特点，例如鸟族衣物饰以羽毛、龙族衣物饰有龙鳞纹等；其原形常用电脑动画加以表现。而人类，因天生技能和特点的不同，也被进一步建构出特定的种族。例如在多位玄幻作者合作架构的"九州"宇宙中，华族／蛮族是主要的种族，河洛族善于制造武器，夸父族身高体壮，魅族神秘。玄幻故事中的种族设定是作品的基石之一，种族之间的关系结构蕴藏着先天的利益冲突或历史性矛盾，往往直接推动剧情的发展。

回观中国古籍所记载的神话传说，仙／魔、妖／兽、人／鬼也是最常出现的种族。《山海经》中多有对神仙的描绘和对奇禽异兽的记载，甚至不少神祇被描写为禽兽之身。《山海经》中所记神仙多是宇宙诞生之初的神祇，在当下的奇幻剧中出现时均地位显著，例如西王母。据《山海经》所载，西王母居住在玉山，"其状如人，豹尾虎齿而善啸，蓬发戴胜"（郭璞，2015：62），形象恐怖。《山海经》中较晚出现的记载，则将西王母所在移到了昆仑，其形象也从半人半兽提升至神。随着道教文化的兴起，西王母的形象进一步变化。《穆天子传》（郭璞，1990）后，西王母被确立为高贵的女性形象；而在《汉武帝内传》中进一步演化成为手握不死之药蟠桃的王母，并由后世之《西游记》等小说发扬光大。古代典籍中的这些记载，被当代玄幻作者提取"兽人""长生""仙人"等要素，在不同的故事中得以演化。

与西王母相对的是东王公。这源于汉代的阴阳观念，人们认为西王母和东王公分别是阴阳中的阴神和阳神。东王公又称东华帝君,《三生三世十里桃花》便塑造了一位开天辟地起就存在的上神"东华帝君"。

《山海经》中所记载的奇禽异兽,一些战力强大的被挪用为玄幻故事中主角需要克服的难关。例如,玄幻剧《香蜜沉沉烬如霜》中,"上古凶兽"穷奇的力量足以抗衡几位神仙的合力,因此每次出现都在极大程度上左右剧情的发展;《三生三世十里桃花》中为凸显男主角夜华的勇猛与法术高强,安排他斩杀了上古四头凶兽:浑沌、穷奇、梼杌、饕餮。

这些兽类也可能成为主角的助手、坐骑或宠物,例如"兽宠""魂兽"之类。在玄幻剧中由木石植物或动物修炼而成的精怪,则常被赋予"守护"的职能。如《仙剑奇侠传》中的妖兽花楹能够治毒。《花千骨》中的糖宝是凤凰眼泪凝成的灵虫,靠食取花千骨的鲜血生长,通晓世间奇事。

跨种族的生命形态转换

在典型的欧美奇幻文本中,不同种族之间很少有相互转换的例子。精灵不会变成矮人,巨龙不会变成吸血鬼。但在中国当代玄幻故事中,上述种族的生命形态存在互相转换的多种途径。

首先,任何一个种族,不论是人是兽、植物甚至岩石山水等无生命物体,都可以修炼。植物、动物或非生命体,可以修出人形,会说人话,获得法术神通,这时它们就转化为妖、精、怪。典型例子如《封神演义》中的琵琶精、《西游记》中的蜘蛛精、《白蛇传》中的白娘子等。

狐是各朝代志怪小说、民间传说中出现率很高的一种动物。《山海经·南山经》中记载了九尾狐："又东三百里，曰青丘之山，其阳多玉，其阴多青。有兽焉，其状如狐而九尾，其音如婴儿，能食人，食者不蛊。"（郭璞，2015：7）张鷟《朝野佥载》载："唐初以来，百姓多事狐神，……当时有谚曰：无狐魅，不成村。"（张鷟，2018：170）《聊斋志异》中的狐妖故事就更多了。

这种形象延续到当代玄幻故事中。《山海经》中所提到的"青丘"常成为玄幻故事中狐族的聚集地，玄幻剧《青丘狐传说》中就是如此。玄幻故事中，狐族可以幻化人形，无论男女通常都被塑造成美丽的、追求爱情的形象。狐族以尾巴的数量分辨身份与法力的高低，以九尾狐为最高。《三生三世十里桃花》的女主角白浅，即为化形为人的九尾白狐，法力高强，容貌出众，是"四海八荒第一绝色"，为青丘女君；女配角白凤九则是一只九尾红狐，亦是美貌与痴情并存。狐族中的男性形象，相对其他族群男性更有"阴柔"之美。

第二，人、妖、精、怪继续修炼，最终可以成仙。如果它们修炼未成就死亡了，则成为鬼、魂。《西游记》中孙悟空由灵石孕育而来，被称作猴妖；修炼有成、震动天庭后被天庭册封为仙，太白金星在向天庭通报时称"妖仙孙悟空觐见"。《聊斋志异》中则有小倩、婴宁等经典女鬼形象（蒲松龄，2015：53、48）。

第三，仙或神也可以继续修炼，提高自己的境界和能力；但在修炼中也可能堕落入魔。玄幻故事中的神仙体系，主要参考了道教神鬼谱系,例如元始天尊、太上老君、天皇东王公、太真西王母、五方五帝、二十八星宿等,以及作为仙界对应面的青赤白黑黄"五天魔王"、"三十六天魔王"、酆都大帝等概念(葛兆光,2004:358—360)。当然佛教诸天神佛乃至民间传说中的山神土地、劈山救母等也常是玄幻故事的创意素材。《花千骨》中的紫薰仙子因爱慕白子画,帮助白子画阻挡灾劫,自己却成为"堕仙",则是与入魔类似,且吸纳西方基督教文化"堕落天使"的观念后的结果。

第四,仙或神还可能因"转世历劫"、"下界投胎"而成为人类。不论《西游记》中唐三藏为佛祖弟子金蝉子转世,还是上洞八仙几世为人的传说,甚至《水浒传》称梁山好汉是"天罡地煞"转世之身(施耐庵,2009:639),都是这种情节深入人心的例证。

第五,人与仙妖精怪可以婚配甚至生育,从许仙与白娘子,到牛郎织女,都是如此。玄幻剧《香蜜沉沉烬如霜》中,安排了花神与水神生下霜花,龙与孔雀婚配生下凤凰等设定;《斗破苍穹》中,主角萧炎两位妻子之一则是西方传说中的美杜莎,后来原身化为蟒蛇,却与主角生育一女。

玄幻世界观中的生死观

永生的理想

玄幻的虚构世界之中,人物的行动内驱力首先是追求长生甚至永生的理想，在此基础上建构主要社会矛盾、推动情节发展。典型的玄幻文本中，万物皆可修炼，修炼的目的是成仙成神。而何谓仙人？大神通、大自在者是也。移山填海、毁天灭地、变化无穷是大神通，而真正的自在逍遥则是长生久视，甚至跳出三界、不入轮回。这才是玄幻修仙者的终极理想。为了这一理想，玄幻文本中的人物才会征战杀伐、占有资源、弱肉强食、力争上游，大神通终究只是实现大自在的手段。

这样的理想可追溯到中国古代的种种信仰与传说，尤其是道家思想。先秦两汉即有各种巫师方士，传说方士徐福为秦始皇出海寻找蓬莱、瀛洲诸仙山上的仙人求取长生药，后不知所踪。魏晋时期道教开始成熟，此后两千年来渗透到中国民间生活世界的每个角落。很多学者认为"道教的全部理想，就是对永恒生命和幸福生活的追求"（葛兆光，2007）。而道教对永生的追求，主要来自其"丹道"的技术——一为"外丹"，即炼制并服用丹药、"仙药"、"不死之药"等；一为"内丹"，即一种始于养生术、指向长生术的修炼自身的方法。

《山海经》中就记载了不死之药。如《山海经·海内西经》中写道："开明东有巫彭、巫抵、巫阳、巫履、巫凡、巫相，夹窫窳之尸，皆操不死之药以距之。"（郭璞，2015：298）《汉武帝内传》中提到西王母拥有灵芝草药；嫦娥奔月的民间传说中，嫦娥偷吃后羿从西王母那请来的长生药，从而飞升月宫。古代神话中，也常常提到各种丹药或灵物，服食后可长生不死，如《西游记》中王母娘娘的蟠桃、镇元大仙的人参果、唐僧肉、太上老君的九转金丹等。关于丹药如何炼制、材料有何功效等的阐发，在神话传说、道教典籍、民间迷信和中医药实践等不同层面上，多少存在着一定的关联。而自魏晋到明清，道教的炼丹活动都在持续，也有人因服食丹药而丧命，甚至包括几位皇帝。

与之相应，很多玄幻文本中都可以见到大量炼丹、炼药的情节，需要特殊而珍贵的药材、炉鼎、药方甚至火焰；而这些丹药往往为主人公突破境界、战斗力暴增提供了直接帮助。《斗破苍穹》的主角萧炎就是控制火焰和炼制丹药的顶尖高手。《凡人修仙传》主角韩立则从小说开篇就得到功效逆天的神秘小瓶，得以飞速催熟各种天材地宝，迅速提升修为。

而"内丹"的概念也深刻体现了道教的世界观。道教将人体视为小宇宙，"气"则是人的生命本源；控制并修炼气在体内的运行，就像以人体为炉，以精气为药，通过神（意念）的引导和驾驭，吐纳行气，打通经脉，运行周天，使得精气神在体内凝聚不散，在丹田成就"金丹"，人就如同神仙了。这些概念，既与中医的经脉及养生学说有所关联，又在近代以来的武侠小说中发扬光大，"气""内力""丹田""经脉"等早已为中国人熟知。

到了当代玄幻文本中，这些修炼技术也被进一步神化、浪漫化，并与其他思想渊源杂糅衍化。玄幻故事很重要的设定是境界体系，它建构了每个虚构世界中的修炼阶段和实力等级。而道教内丹思想直接给创作者们带来了启发。作为修仙类玄幻小说典范的《凡人修仙传》，皇皇七百余万字，主角依次历经炼气、筑基、结丹、元婴、化神、炼虚、合体、大乘、渡劫等不同境界，每个大境界又分为初期、中期、后期、大圆满四个小阶段。这些概念也基本成为一大批玄幻小说中修炼境界的"标配"。也有玄幻文本为带来新意，会选择看似更新颖的境界名称和描述，例如《择天记》中修炼的 9 个境界：凝神境、定星境、洗髓境、坐照境、通幽境（又分初境、中境、上境、巅峰）、聚星境（又分初境、中境、上境、巅峰、半步从圣）、从圣境、神隐境、大自由境。或者像《斗破苍穹》中更为肤浅直白的境界划分：斗者，斗师，大斗师，斗灵，斗王，斗皇，斗宗，斗尊，斗圣，斗帝；其中每个境界又有九层作为小境界。

玄幻境界体系设定之所以如此具体和复杂，首先是要由此保证主角的升级之路足够漫长，从而用海量的细节、重复的模式，写出足够冗长的故事来。而看似无止境的成长与攀登之路，加强了创意产品的类型化、可持续性和受众稳定性。

修仙的磨难

在追求长生不死的修炼过程中，定会有各种各样的考验或磨难。

首先，通往不死之地的途中定有障碍物，需要修炼得道方可到达。《山海经》中曾提到在昆仑山的周围有弱水三千、万仞高山和神兽庇护，除了射日的后羿外无凡人能达。

其次，修炼过程中必定要历劫（渡劫）。"历劫"的概念在道教和佛教中都出现过。宏观角度的历劫是指宇宙时空的整体更迭，即每过若干万年宇宙会归元复始一次，一切化为混沌，重新开始。微观角度上的"历劫"指个体经历生命中的各种劫难,如果成功渡劫就可以提升境界,甚至成就仙神;如果失败了就坠入魔道甚至覆灭。例如宗教传说中的玉皇大帝,经过三千劫始证金仙,又超过亿劫,始证玉帝;释迦牟尼佛经恒河沙数的劫,才得成佛。每个修炼者个体都必须经历并克服多次劫难,才能精进成长,既有外在的身体磨难,也有心灵考验(常常叫"心魔")。

玄幻剧中有一种常见的历劫形式是雷劫(有时也叫天劫)。修炼者到达一定境界之前便会触发自天而降的雷霆,需要用各种装备、丹药、法宝、功力抵抗;抵抗成功则晋升境界,甚至飞升上界;抵抗失败则灰飞烟灭,一切成空。这个设定其实在《聊斋志异》等古代志怪小说中可见渊源:飞禽走兽修炼成妖精,上天往往降下雷罚。此外还有所谓"天人五衰"之劫等等。

玄幻剧中的历劫概念是推动剧情的重要元素。在热门的女频玄幻剧中,身为仙人的主角往往出于飞升更高仙阶的目的,不得不下凡历劫。历劫过程中,主角因被封印了此前的记忆和法力神通,会以一张白纸的状态开启新的生活、遇到新的人、产生新的感情。这些新的社会关系,与之前在仙界中的人际关系形成了张力和冲突。新感情则给旧感情带来考验。这就给故事带来了戏剧性变化的可能,提供了叙事推力。例如玄幻剧《香蜜沉沉烬如霜》中,女主角锦觅在人间历劫时才真正对男主角旭凤产生深情,因此在历劫结束回到仙界时,想要取消之前与男配角的婚约,从而真正引发了男主角和男配角之间的矛盾,直接导致天庭的震荡。

我命由我不由天？玄幻剧中的阶层与流动

玄幻剧中所体现的世界观，一方面明显受到中国传统文化元素的启发与影响，一方面又结合了当代青年人的生活经验和情感结构，体现出传统文化与当代经验的结合。

从地域空间来看，即便是古代神话传说中的天庭（天宫），在玄幻剧中仍然相当世俗化。天庭按说是由得道之神组成的管理天界乃至万界事务的机构。但颇具讽刺意味的是，尽管这些天神动辄已修炼了数万年甚至数十万年，其机构组织方式仍是中国封建皇宫朝廷的模样。天宫的天帝和天后是最高权力中心，若干天妃担任"宫斗"主力；天君的嫡庶之子则会为继承王位而拉拢各类神仙，明争暗斗，甚至挑起不同种族之间、神魔之间的大战。这种对天宫的描绘，毫不超脱，缺乏想象，俨然是对现实社会的翻版。

与之类似，在玄幻故事中出现的各种大荒之地，尽管神仙妖魔出没，但其弱肉强食、权力争斗、吃喝玩乐、人际关系等的描写，通常让人感觉只是当代都市题材或中国历史题材的叙事包裹了一层"怪力乱神"的外衣。

究其原因，一方面是因为许多玄幻小说作者自身眼界、经验、思维、想象的局限和欠缺，另一方面其实也是延续了中国传统思想的惯习。如葛兆光（2004：140）评价《山海经》，"虽然已经展开了想象，但是它的地理意识也只是经验的推衍"，"中山之外有东南西北山，东南西北山之外有海内东南西北，海内之外有海外，地理的层层外扩，实际是经验的层层外推"。

玄幻小说中另一种常见的多重世界结构，是所谓的"凡界""灵界""仙界""神界"等，世界之间有着森严的等级，凡界之人须通过修炼，不断提升自我，达到举世罕有的修为境界，方可打开上一层世界之壁垒，"飞升"而去。其将面对的新世界，其中能量、货币、功法、规则统统高于下界；主角原本的天下无敌，在新世界只是"蝼蚁一般"的水准，需要重头来过，再攀高峰。不论世界的名字如何变幻，这样的"修炼——历劫——飞升"将循环多次，构成常见的男频玄幻小说故事主线。不难发现，这背后的隐喻，恰是玄幻小说读者或者玄幻剧观众们熟悉的社会阶层之别、攀爬社会阶梯之艰难。当所谓"小镇青年"或"寒门子弟"看到玄幻故事中主角一路逆袭，扮猪吃虎，走向巅峰，当然容易为之振奋激动。

从玄幻世界中的种族设定来看，仙/魔、妖/兽和人/鬼之间并不泾渭分明，而更像一些经过努力可以转换的社会身份或职业背景。任何一个种族都可以修炼。兽、植物甚至岩石山水等无生命物体，都可以修炼直到成为人。人则可以修炼成仙，或者堕落成魔。

这样的种族设定，延续了中国数千年儒释道思潮交织演变而来的神话传统，借鉴了其中"神"与"魔"、"生"与"死"、"善"与"恶"的两分观念，来构筑叙事中内蕴的矛盾冲突，以推动情节发展。

另一方面，它们又形成了一种无意识的创新，去迎合当今主流读者或观众的现实"痛点"——在玄幻文本中，种族的差异仍然隐喻不同社会阶层的巨大差异。神仙要么是天命贵胄，要么是能够飞升的人上之人，司职天地，主宰生灵；魔怪可割据一方，尽管并非正统，但其骄奢淫逸与能力地位，仍非凡人可以仰望；小妖小精们相对出身卑贱，为神魔所鄙视，有时人族也看不起它们。

对于男频玄幻小说来讲，看点经常在于主角如何通过个人奋斗和机缘巧合，突破原有族群的障碍，转化为更高等族群的成员；或者是"丑小鸭"式地最终发现自己原本就是最高等族群成员流落凡尘。

对于女频玄幻小说，种族设定经常是男女主角爱情障碍的来源：有时是"梁山伯祝英台"式的，双方社会阶层悬殊太大而被家庭和社群阻挠破坏，例如《三生三世十里桃花》中天庭太子与青丘狐族白浅的爱情故事，白浅曾被误以为是凡人而备受欺凌，后来披露了狐族女君身份便能配得上太子；有时是"罗密欧朱丽叶"式的，双方分别来自有世代深仇不共戴天的种族群体，于是必须面对家国种族与儿女私情之间的艰难抉择。

因此，无论是从时空观还是种族观来看，玄幻剧中都存在着这种"新瓶装旧酒"的经验推衍式文本。从艺术批评的角度，很多玄幻剧算不上好的创作和高明的想象，有时也会有糟糕的雷同和刻意的浅薄；但从市场接受的角度来看，玄幻外皮中包裹的现实经验，反而让年轻读者们更容易理解剧中人物情感变化和行为逻辑，更容易将自己代入到主角们的命运跌宕中，从而更为喜爱这种故事。

传统文化的创造性转化与创新性发展

如何继承并发扬中国传统文化，使之焕发生机活力，被大众尤其是年轻人喜闻乐见，近年来一直是备受关注的问题。习近平在2017年中共十九大报告中就曾提到，要"推动中华优秀传统文化创造性转化、创新性发展"，并将其与树立文化自信、"更好构筑中国精神、中国价值、中国力量，为人民提供精神指引"联系起来。

玄幻剧作为青年普遍喜爱的新兴电视剧类型和媒介内容形态，广泛取材于中国传统文化而建构起独具中国特色的虚构世界，并通过时空观、种族观、生死观等设定，向海量受众传递了不少中国传统文化里的元素、风格、概念和思想。这种现象值得研究和思考。

一方面，这体现了对中国传统文化的传承与创新。大众通过观看玄幻剧接触并了解了中国古代典籍或民间思想中的片段，尽管只是一鳞半爪，却可能成为更深入探究学习的契机。与此同时，玄幻类型的文艺创作，其呈现与传播以电视剧、电影、网络小说、动漫、数字游戏等跨平台的新媒体为载体，其文本融入了贴合当代青年生活经验与情感结构的内核，其设定在中国传统文化基础上也吸纳了一些来自西方与当代的元素，这些都属于"创造性转化、创新性发展"。事实上，媒体和学界都已注意到，我国的玄幻网络小说，已经被译介到欧美及东南亚，并拥有了为数不少的爱好者；这些异国"粉丝"除了跟着连载的节奏讨论情节和人物外，也纷纷对作品里那些神秘难解的

"东方文化"表露了兴趣和喜爱。因此,玄幻文本已经在开始承担"中国文化走出去"的责任。

另一方面,作为文化产业流水线上的产物,玄幻剧乃至其他玄幻文本的首要目的是最大化地吸引受众;不论其艺术水准,还是其中对中国传统文化的选择、再现和创新的质量,可谓良莠不齐,仍存在着很大的提升空间。

参考文献

Carter, L. 1973. *Imaginary Worlds: the Art of Fantasy*. Ballantine Book.
Pavel, T. G. 1989. *Fictional World*. Harvard University Press.
葛兆光,2004,《中国思想史》(第一卷),上海:复旦大学出版社。
葛兆光,2007,《中国古代文化讲义》,上海:复旦大学出版社。
管锡华,2014,《尔雅》,北京:中华书局。
郭璞,1990,《穆天子传》,上海:上海古籍出版社。
郭璞,2015,《山海经》,上海:上海古籍出版社。
梁君健、李浚,2017,《仙侠题材网络 IP 影视作品中的想象世界研究》,载西湖论坛编委会编,《网络文艺的中国形象》,杭州:浙江人民出版社,140—147。
梁君健、尹鸿,2017,《论幻想系列片中的"想象世界"》,《当代电影》第 2 期。
列御寇,2014,《列子》,上海:上海古籍出版社。
蒲松龄,2015,《聊斋志异》,北京:中华书局。
邵燕君,2018,《破壁书:网络文化关键词》,北京:生活书店。
施耐庵,2009,《水浒传》,上海:上海古籍出版社。
吴承恩,2012,《西游记》,吉林:吉林出版集团有限责任公司。
吴楚材、施适,2016,《古文观止》,上海:上海古籍出版社。

许仲琳,2014,《封神演义》,北京:中国文史出版社。
袁珂,2017,《山海经译注》,上海:华东师范大学出版社。
张鷟,2018,《朝野佥载辑校》,济南:山东人民出版社。

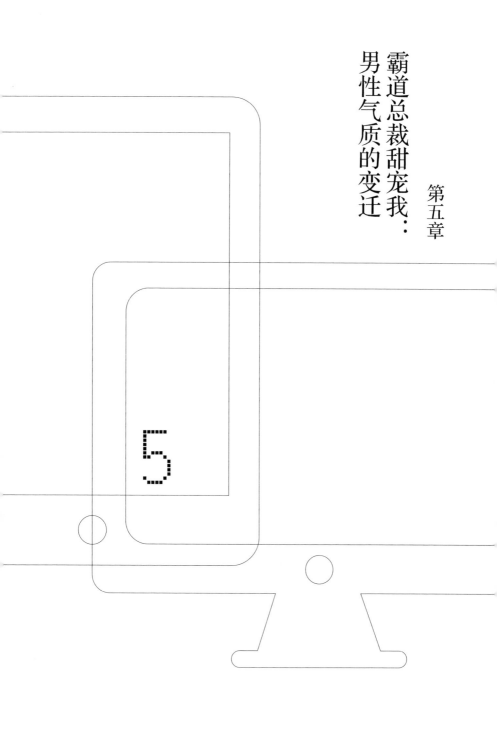

第五章

霸道总裁甜宠我：男性气质的变迁

第五章　霸道总裁甜宠我：男性气质的变迁

糖分十足的甜宠剧

甜宠剧的流行

2017年，一部爆红的小成本网剧《双世宠妃》让"甜宠剧"的概念流行起来。"高甜""发糖""有毒""糖分超标""老阿姨我少女心爆棚"开始成为网络剧评、弹幕中的常用语。

随后，2018年的《结爱·千岁大人的初恋》，2019年的《奈何BOSS要娶我》《致我们暖暖的小时光》《亲爱的，热爱的》，再到2020年的《传闻中的陈芊芊》，多部甜宠剧接连发力，屡进热播榜，贡献热搜话题，捧红了一批此前名不见经传的年轻男女主演，将甜宠剧步步推向近年来最受观众喜爱的网剧类型之一。

所谓"甜"，指的是故事中男女主角的感情线不会经历太多的波折和尖锐矛盾，展现出了超越现实生活之苦的美满甜蜜乌托邦；"宠"是指男主角对待女主角，有无条件的忠诚、全方位的关怀，还有对女性人格的尊重，将女主角置于绝对的被宠爱的位置。主角年龄设定在二十岁左右。故事大多展现初恋，能够激发观众的青春回忆。

追溯起来，在剧中融入大量甜宠情节的做法，在2016年的青春校园剧《最好的我们》中就已初现端倪。剧中的校园恋情，青涩、温暖而纯情，男主的"摸头杀"和男女主甜蜜愉快的相处细节，让观众惊呼"全世界欠我一个初恋"。这样的剧情设置一反此前流行过一段时间的青春片中"劈腿"、怀孕、车祸等失真而俗套的"狗血"，令观众耳目一新。

根据骨朵影视的统计，从2016年到2019年10月，甜宠网剧的数量每年递增，从2016年的16部，增加到2019年前10个月的80多部（骨朵数据，2019）。甜宠剧在2020年依旧保持了同样的势头，持续输出热播剧。

当我们谈甜宠剧时，我们在谈些什么？

拥有2.6亿活跃用户的今日头条，是国内最为普及的社交媒体之一，它集成了大量来自媒体、公号和个人的资讯，在一定程度上能代表我们在互联网上的讨论。在今日头条平台上，我们以"甜宠"为关键词，收集了2016年1月1日至2019年2月28日大约三年时间内，女性用户阅读的全部有关资讯。首先从整体阅读情况来看，女性用户所阅读的有关"甜宠"的资讯量总体呈上升趋势，2017年维持在一个相对较高的阅读量，2018年8月出现了一次爆发式增长，见图5-1。①

---

① 此处数据系研究者通过今日头条指数平台搜集整理而得，由于内部数据使用限制，无法对外披露具体阅读量。

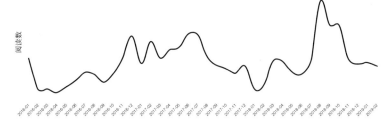

图 5-1　今日头条平台女性用户的"甜宠"相关资讯阅读量趋势
（2016.1.1—2019.2.28）

对照着爬梳了 2015 年至 2018 年"甜宠"相关资讯后，我们发现在商业宣发上打出甜宠概念的剧集在逐年增加，"甜宠"渐渐泛化成为一种言情剧的操作套路。2016 年之前只有少数青春校园剧在宣发中使用甜宠概念，包括当时掀起收视热潮的《微微一笑很倾城》和《最好的我们》。2017 年，已被市场验证具有良好收视的校园甜宠剧继续发力，《致我们单纯的小美好》《你好，旧时光》催生了江辰、林杨等多位"学霸系男神"；另一方面，《双世宠妃》《将军在上》等以后宫为故事背景却反传统宫斗的古装剧推出了全新的"宠妻狂魔"暖心王爷形象，也获得了良好的口碑。2018 年，资讯数量进一步增多，剧情"撒糖"成为言情剧标配以及宣发要点。除了前述的青春校园剧和古装剧，"甜宠"男主在偶像剧、职场剧中全面开花，"宠妻"元素逐渐泛化到不同的类型剧中。观众、剧评人和制作方对"甜宠"意味着怎样的人设、剧情走向和影像风格渐渐形成了默契。

我们对前述资讯进行了数据分析，得到了与"甜宠"相关度最高的 TOP 5000 个词语。之后以阅读数大于 50000 且与该词相关文章数大于 15 篇作为筛选条件，对这些词语进行清理，得到 643 个有效高频相关词。再对这些高频相关词按主题分类后，根据人物特征和情节内容这两个维度得到的词云图分别为图 5-2、图 5-3。

图 5-2 "甜宠"相关高频词 – 人物特征维度　　图 5-3 "甜宠"相关高频词 – 情节内容维度

图 5-2 所展示的人物特征维度的高频词，凸显出在"甜宠"相关资讯中，当谈及人物特征时，男性角色处于更显要和更被讨论的位置。对于以女性为主要观众的甜宠剧来说，男主角的"宠妻"是其核心特性，也即，"甜宠"是一个动词，男性是甜宠这个动作的发起者、主体，而女性是甜宠的接受者、客体。

这些高频词勾勒出了最常见的甜宠剧男主的特征：他得是"男神"，在古代身份是"王爷""侯爷""太子""世子"及以上，在现代得是"总裁""高管"，在校园中则是"学霸""校草""大神"，绝不会是普通人——即使是普通人，也是"丑小鸭"的原型，将来会揭示其"白天鹅"身份；他们自带高富帅属性，"颜值"是重中之重，常由"小鲜肉"演员出演；他们大多比女主年长，有更为充足的社会经验，年龄差距大的甚至被称为"大叔"，近两年也出现了一些比女主年幼的"小狼狗"和"小奶狗"的新型人物设定；他们的个性特征可以归为不同类型，常见以下标签的组合——高冷"腹黑"、"禁欲系"、"闷骚"，以及二次元文化影响下出现的新型人设，包括"病娇"和"软萌"。

图5-3所展示的情节内容维度的高频词，则概括了甜宠剧情发生的不同场景——"校园""宫廷""商战""军婚""电竞"等，以及存在甜宠剧情的不同恋爱模式——"青梅竹马""久别重逢""欢喜冤家""先婚后爱""情有独钟"等。不管在哪种模式中，一对一的专一情感关系都是甜宠剧的核心。

非常有意思的是，这些高频词中出现了"重生"、"高干文"等网络小说所特有的类型，昭示了甜宠网剧与网络小说的渊源。而"婚后""先婚后爱""护妻"则意味着婚姻与婚姻中才存在的角色——"妻子"，也即通常属于家庭伦理剧而非偶像言情剧主角的角色，走入甜宠剧，带来了新的角色定位和剧情。

甜宠剧身上流淌着的偶像/言情剧血液

作为一个新兴的概念，甜宠剧何以成为一种新的网剧类型？它跟以往包含言情元素的其他电视剧类型有何不同呢？

首先来看看在中国电视制作和播出史上，甜宠剧之前的言情剧传统。

1995年在上海电视台播出、由上海电影译制片厂配音的日剧《东京爱情故事》，大概是国内观众最早接触到的以拼搏在职场中的都市男女爱情为主题的电视剧之一。起源于日本的 Trendy Drama（译作趋势剧，或者潮流剧），以新兴都市生活方式为背景，启用年轻演员，由年轻的导演和编剧制作面向年轻观众的电视剧。《东京爱情故事》便是这样一部趋势剧，展现了当时日本经济高速发展背景下年轻公司职员们的情感与生活。

因选用颜值出众的年轻演员，且这些此前不知名的年轻演员凭借剧中人设带来的观众缘，一举成为万人迷，这类日剧便形成了最早的偶像剧，并在很大程度上影响了韩国的偶像剧生产。韩国偶像剧《爱上女主播》以发誓成为新闻主播的女记者的故事为主线，《妙手情天》则讲述神经外科医生情感生活，热遍东亚三国。20世纪90年代港台电视台引进这些日韩剧时，也将其称之为偶像剧。因偶像剧以爱情为核心主题，它们也常常被称为言情剧，或者偶像言情剧。

从表面上来看，这些偶像剧是长相俊美的男女偶像明星在都市生活中谈情说爱的故事。但从更深层次来看，设置在职场的偶像剧剧情映照着现实生活的变迁，反映着青年人从小城市向大都市的流动和在大都市中的奋斗，代表着现代性，以及理想和消费上的文化转变。也因此，这些偶像剧反映了主人公们所处社会的焦虑与症候，青年男女对两性关系的想象。剧中精美的服饰和精心打造的音乐，进一步影响了现实生活中观众的审美，并在某种意义上推动着消费主义。

张一白导演的《将爱情进行到底》（1998）被认为是中国大陆第一部自产偶像剧，导演和编剧也在多个访谈中表示受到了当时日剧的影响。《将爱》描绘了中国当代青年如何在追求爱情与理想的迷茫与挫折中成长，但不同的是，该剧的主要场景设定在了校园中，而非职场。从某种意义上来说，这是国产校园偶像剧的开拓之作。

类型影视研究学者郝建也曾在《中国电视剧文化研究与类型研究》一书中提到，"中国偶像剧类型来源于日本的趋势剧……主要由当红明星主演，以展现日本当代人生活以及青少年面临的各种问题，并反映当下的流行趋势。"（郝建，2008）

2001年，改编自日本漫画《花样男子》的台湾偶像剧《流星花园》横空出世，不仅在亚洲，还在全球华人世界中引起了巨大反响。《流星花园》中的四位男性主演借着剧集播放的热潮，成立男子团体F4，并在亚洲进行了巡演。《流星花园》和F4的成功显示出，在华语世界中，英俊的新演员同样可以通过参演偶像剧而一炮走红。

《流星花园》的情节设定也非职场，而是在校园中，甚至进一步低龄化，进入私立高中。这也使得剧情完全剥离了青年通过工作奋斗寻求人生意义的层面，而专注于"你爱我吗？你什么时候爱上我？你有多爱我"的剧情。在这样的剧情中，无论是学习还是兼职打工，都只是推动剧中爱情发展的工具。

在此后七八年间，一批高收视的台湾偶像剧如雨后春笋般冒出，代表作包括《薰衣草》《王子变青蛙》《命中注定我爱你》等等。这些剧和同期的部分韩剧一样，开始通过制造"失忆""误会""白血病"等"狗血"，强行推动剧情发展，强行煽情；一些剧则灌入保守和不加反思的东亚传统婚恋家庭观——

如《命中注定我爱你》中，在一个男丁稀少、九代单传之家，最合适的媳妇人选就是能生孩子能顾家的那个；人物设定出现越来越多的"傻白甜""灰姑娘"原型和宅斗剧中常见的"丑小鸭"原型，如老爷早年生在外面的私生子，或者在一次意外中失去记忆并流落民间的贵公子。偶像剧对于职场的描绘越发悬浮，职场的存在似乎只是为了衬托男主的社会地位和杀伐决断的能力，同时给女主的出场和戏份找个容纳的空间。失去真实职场逻辑之后，这些设定在现实世界中的偶像剧看上去格外地脱离"现实"或悬浮在"现实"之上。

在这些都市偶像剧之外，根据台湾言情小说家琼瑶的小说改编的言情电视剧，也成为风靡两岸的另一大流派，包括1998年创下收视奇迹的古装言情剧《还珠格格》和后续的"还珠"系列，民国言情剧《情深深雨濛濛》等。由台湾女作家席绢的作品改编而来的电视剧《上错花轿嫁对郎》，讲述了嫁错人的女子阴差阳错觅得真爱的故事，后来也被称为是将"家长里短"娓娓道来的"种田剧"的始祖。这些言情剧和日韩职场偶像剧有着很大的差异，但它们成功地将"言情"的时空设定拓展到民国、古代，甚至是架空的世界中。

在2000年前后开始发力的韩国偶像剧，如《蓝色生死恋》《浪漫满屋》《巴黎恋人》等也被国内卫视陆续引入播出，引发了当时的年轻观众"60后"与"70后"的追剧热潮。前述所提及的来自日韩以及中国台湾地区的偶像剧和言情剧，培养起了一批忠实观众，形成了稳定的观剧口味。

而大陆的原创偶像言情剧则在数年内都未见繁盛之势。虽然"海岩系列"公安剧也在破案中融入缠绵悱恻的爱情线,《金粉世家》这样的年代剧也有意识地走高颜值的偶像路线,但终究不是以情感为主题的剧集。引发了年轻观众共鸣而成为国产剧标志性作品的《奋斗》,则讲述了六名刚毕业的80后大学生初入社会后的情感故事和奋斗故事,包含多重维度,既有对如何在时代的大环境下做出自己人生抉择的思考,又有对青春与情感的理解,所以更应被定位为青春剧,而非言情剧或偶像剧。

女频甜文的 IP 改编

随着网络小说 IP 逐步进入电视剧改编领域,随着视频网站的自制剧投资能力逐步增长,国产言情剧开始迎来更多的可能。2011 年,基于网络穿越小说改编而成的电视剧《步步惊心》,完美地融合了偶像、爱情与宫斗元素,得到了市场认可。此后,越来越多的以爱情为主题的女性频道网络文学卖出影视改编权。这些网络文学未必有巧妙的故事架构和经得起推敲的叙事,但往往有令人喜爱的人物设定和新颖有趣的桥段,充满幻想与浪漫;因其已先行获得网络文学读者群的喜爱,在改编为电视剧后也往往能大获成功,并产生了不少爆款。到了 2015 年,国产偶像剧的大半壁江山都是大 IP 偶像剧的天下了。

IP 本意为"知识产权"(Intellectual Property)。在中国的产业语境中,尤指能被改编成其他媒介/叙事形式的作品,如能被改编成影视作品的网络文学、游戏及漫画等。尹鸿教授认为,可以将其理解为"具有互联网 IP 价值的知识产权 IP"(尹鸿等,2015)。2015 年被认为是电视剧"IP 热"的一年。据相关报道披露，截止至2014年已有114部网络文学版权被影视公司买走，其中的90部被计划拍成电视剧[①]。在2015年，这些变化得到了体现——由网络文学改编而来的偶像剧数量相应激增。据艾漫数据统计，2015年全网播放量TOP 5的作品《花千骨》《芈月传》《何以笙箫默》《琅琊榜》《大汉情缘之云中歌》均为IP改编之作。截至2017年，网络文学作品被改编为电视剧的数量已经高达1232部[②]。网络IP，尤其是网络文学对电视剧市场带来的影响可见一斑。

网络文学作为IP的来源，大大丰富了偶像剧和言情剧的内容维度。网络文学中有"甜文"类型。在晋江文学已完结的作品中，此类作品在"2010年以前仅有51部，之后逐年增长，在2014年爆发性增长为1809部，到了2017年数量已高达6979部。"（薛静，2018）"甜文"被认为是在"大女主"作品热潮后迅速崛起的又一类型，成为网络言情文学的新趋势。

言情 + 偶像 + 甜文 = 甜宠

甜宠剧发展至今，身上流淌着此前三种以言情为主的类型剧的血液。

将情感的发生设定在高中和大学校园的甜宠剧，其代表作包括《致我们单纯的小美好》《致我们暖暖的小时光》《我只喜

[①] 此处数据来自国家版权局转载新闻，http://www.gapp.gov.cn/chinacopyright/contents/4509/238766.html。

[②] 此处数据参考中国音像与数字出版协会，《2017年中国网络文学发展报告》。

欢你》等，可以说是青春校园剧的发展和延伸。将情感的发生设定在工作场所的甜宠剧，如《奈何BOSS要娶我》，是以往偶像言情剧，特别是"霸总"剧的新变奏。而将情感的发生设定在古代或者架空的玄幻世界中的甜宠剧，是对古装剧和古装偶像剧的延续。

在言情剧本身的发展和网络文学新类型的双重影响下，过去五六年来，我们在各大网络平台上看到的热播言情剧呈现出不同的面貌。和之前的言情剧相比，这些剧既做了加法又做了减法。和台湾青春偶像剧相比，这些剧拓展了时空设定，除了传统剧集所聚焦的大学毕业后进入的职场，还有不少剧集设置在大学校园和高中学校，主打"初恋"主题；更有不少剧集通过各种形式的"穿越"，来到了古代的某个朝代，或者是历史上不存在的架空想象空间，用现代人的思维去应对和古代"王爷"恋爱的问题。和日本"趋势剧"相比，这些剧的职场奋斗都有简化，全剧的重点都在主人公的感情戏上。和之前的古装剧相比，宫廷戏和后宫戏都更为"戏说"，前朝大臣们的辩论未必显得很有智慧，后宫的宫斗也不太有"心机"，前朝后宫似乎只是给男女主的相遇提供了一个有着特殊规则的特定场所而已。

在这些言情剧中间，最凸显男女双方互相宠溺、互相信任的甜蜜爱情故事，从相遇相知一直拍到携手的剧便是"甜宠剧"，延续了甜文类型小说没有悲情、不撒狗血的基调。在这股风潮的影响下，那些含有大量情侣亲密互动情节的偶像剧，哪怕故事的主基调是职业剧情或宅斗剧情，也会被观众与媒体概称为甜宠剧。

此外，近两年来，以职场商战、电竞行业等为主题的职业剧，在网剧中渐成气候，其中一些兼顾了商战与爱情的剧情。例如，定位在服装设计制作行业的商战剧《你和我的倾城时光》，以电子竞技的起起落落为主题的电竞剧《亲爱的，热爱的》，均因其"甜甜"的爱情戏份出圈，在网络讨论中跻身甜宠剧的领域。

无论是只谈爱情的言情剧，还是既"搞事业"又谈恋爱的职场剧，近年来都承载了甜宠剧情。

快发糖！别给玻璃渣

甜宠剧的首要任务便是打造符合年轻异性恋女性幻想中的完美男女爱情与两性关系，塑造异性恋女性心目中完美的新时代男性形象。

如前所述，其最大特点便是"甜宠"二字。"甜"指故事基调，男女主角的感情线不会经历太多的波折和尖锐矛盾，剧情节奏轻松，展现超越现实生活之苦的美满甜蜜乌托邦，尽可能减少给人"添堵"的观剧体验。"宠"指男主角对待女主角，有无条件的忠诚、全方位的关怀，还有对女性人格的尊重，将女主角置于绝对的被宠爱的位置。

这样的甜宠剧比起传统偶像剧，极大地纾解了广大年轻女性的婚恋恐惧与生活焦虑；让很多观众觉得人生虽然艰难，但幸好还有"纸片人"（只存在于小说中的完美男性）和幻想中的理想"男友/老公"（IP改编电视剧中的俊美男主，让观众代入其中）带来的安慰。

伴随着甜宠剧的流行,网络讨论中出现了一些新的词汇,例如"××夫妇""BE/HE""高甜""撒糖/发糖""玻璃渣"……简单的词语背后隐藏着观众的焦虑与渴望。

网络流行用语"CP"指的是 couple,表示一对儿、情侣。"××夫妇"便是组 CP 的方式,是观众乐于玩的一个小游戏,即从自己认定的一对情侣的名字中各找一个字,组成一个谐音的词语,加上"夫妇"二字,用来表示自己对这对情侣的认定。虽然叫"××夫妇",但这对情侣并不一定需要在剧中已婚;未婚的三角恋关系,也可以被观众按自己的喜好拆成不同的"××夫妇"。例如穿越剧《传闻中的陈芊芊》,剧中女主把自己和男主分别比喻为橙子和香蕉,因此观众亲昵地称之为"成(橙)交(蕉)夫妇"。古装断案剧《锦衣之下》中的陆绎和袁今夏,则被称作"六(陆)元一斤虾(今夏)"。"××夫妇"的叫法,包含着观众对剧中男女最终走向婚姻殿堂的强烈憧憬。虽然网民们号称自己"日常恐婚恐育",但却渴盼着自己喜欢的夫妇能最终走到一起、生儿育女。弹幕中不时飞过的"给我拜堂""快点洞房",都是观众这一心情的写照。

对"撒糖、发糖"的渴盼,体现着观众对男女主角进行亲密互动的强烈期待。所谓糖,就是制作方针对观众的期待和偏好不断创新,为男女主角的情感推进设计出的各种场景。这些场景对两性之间的亲密互动进行了细致的切分,从第一次相遇时的四目相交或意外摔抱在一起,到第一次手的触碰、第一次拥抱、第一次一起打伞,再到"摸头杀""壁咚",闹别扭后的甜蜜情话,吻戏或其他浪漫戏。这样的亲密戏,时时凸显着甜蜜氛围，使得主角之间的亲密与浪漫成为常态，剧集日常冒着粉红泡泡。甜蜜片段让观众代入，令观众心动，是对观众追剧的奖赏。

与"糖"相对，"玻璃渣"指的是男女主角之间误会或互相伤害的时刻。观众虽知爱情剧情发展总要有停顿或后退的时刻，却仍表示自己努力"在玻璃渣中找糖"，或在弹幕中呼唤编剧"别虐了"，甚至扬言要给编剧"寄刀片"。也有编剧亲自下场，在社交媒体上回应。例如前述《传闻中的陈芊芊》的编剧特别在微博上用"南镇要当大编剧"的账号给观众留言，说"我从来，都虐不过两集的"。这个留言被截屏和转发，观众奔走相告，舒了一口气。

电视剧观众还会询问看过原IP小说的书粉，这个故事是BE还是HE，让已十分投入剧情、关心男女主人公命运的自己做好心理准备。所谓BE是指坏结局（bad ending），也即男女主人公没有走到一起，HE是指好结局（happy ending），指男女主人公最终在一起了。观众似乎非常不能接受BE，认为如果男女主人公没有在一起，就辜负了自己这么长时间来"真情实感"的追剧。

对HE的渴望，或许是因为观众深深代入到剧情中去而不能忍受这段感情无疾而终，也或许是在现实生活中得不到"糖"的自己，希望甜宠剧能给自己带来心理补偿。

物质性：倍速观看与拖动进度条

值得一提的是，由于甜宠剧大多为小IP，改编自小体量的、不那么知名的网络文学,同时剧集投资小,编剧也不够资深,所以不少甜宠剧在剧情上经不起推敲,甚至存在叙事硬伤。但很多甜宠剧的观众并不在意剧情上明显不合逻辑的地方。这或许是因为,观众主要是来找"糖"或"舔屏①"的,对剧情的逻辑不太在意。从网剧特有的"物质性"来看,弹幕上的吐槽和发泄,支撑起了观众继续看剧的动力;而"倍速观看"和"拖动进度条"这两个法宝也起到了重要作用。

"倍速观看"得以实现,是因为现在主流视频网站都提供了1.25倍速、1.5倍速和2倍速观看的选项。如果观众嫌弃剧情节奏太慢,或对话太啰唆,就可以选择倍速观看。虽然在倍速观看的模式中,人物对话的音调变得尖利,人物动作也更快了,但已渐渐在短视频消费中习惯了这种失真风格的观众并不介意,反而会觉得是在用更短的时间获取没有损耗的剧情信息。而无论是用电脑观剧还是手机观剧,观众均可自由操控进度条,跳过硬伤或无趣的剧情支线,甚至是不喜欢的配角的戏份;遇到自己喜欢的片段,还能反复观看,并在弹幕上留下"不多,也就看了十遍吧"的感叹。只要"高甜"片段足够多,男主人公颜值撑得住,观众就不会太在意其他的问题了。

网络视频特有的观看方式,网络视频的物质性,给观众带来了传统影视所做不到的观看行为中的高度自主性。而这种自主性,竟然奇妙地抵消了甜宠剧中可能存在的叙事硬伤带来的不好的观感。

---

① 舔屏,即冲着剧中角色扮演者的美貌来看剧,看剧主要是来消费演员的美貌。

甜宠男主：霸总的进化

霸总 1.0

自偶像言情剧诞生以来，"霸道总裁"一直是热门的男主人物设定。在一部又一部偶像剧的推动下，集男性荷尔蒙、性格张力及社会身份与财富于一身的"霸道总裁"成为了理想男性的代名词。之所以叫"霸道总裁"，是因为这些男主角的职业往往被设定为公司总裁或者高层，常常是含着"金汤匙"出生的企业继承人。而"霸道"，则描绘出了这些男主角共同的强势性格。与之相比，女主角的家世和职业通常是十分平凡，甚至是无足轻重的。

2001 年面世的台湾青春偶像剧《流星花园》，集中展现了这一类男性角色的特点，奠定了"霸道总裁"的基调。剧中有四位主要男性角色，自认为是"花样男子"，组成小团体 F4，即 flower 4。他们是传说中的"有钱人家的孩子"，在私立贵族学校念书。

第一男主道明寺，呈现了"霸道总裁"的五大特点：

首先，有颜。他有着 1 米 8 的身高，肌肉健硕，五官俊美、棱角分明，留着一个卷卷的凤梨头，勒着一条发带，有型又十分桀骜不驯。

其次，有钱。他是富二代，剧中最富的富豪之子，家族企业的继承人。他的家坐落在一望无际的绿地中，门前有喷泉，入户大厅宽敞得如同宫殿，除了能听得到回声的走廊和多间卧室，室内还有标准游泳池和按摩池，甚至是自己的美容沙龙和服务人员。

除了有钱，非常重要的是，他随时都在毫不吝啬地展现自己的财富与地位，崇尚消费主义，并且相信钱能解决一切问题。当他邀请心仪的女生杉菜来自己家后，安排家中服务人员强行为她美容和换装，并在看到被打扮一新后的杉菜，流露出得意之色，说："这里就是上流社会的生活，这可是你这种阶层的人，一生都享受不到的。"在杉菜拒绝成为跟在他身后的女人后，他表示了极端的不解，并说出这段台词："你为什么不高兴啊？我可以每个月给你十万，我可以给你一张白金卡，不限额度随你刷，每天有专车接送，我家的护肤中心可以随你用。我可以给你豪华的生活，这个世界上没有是钱买不到的东西哎。只要我高兴，我连巴黎铁塔都可以买给你。更何况像我这么有 size① 的人。你是什么意思啊，多少女人想当我的女人，你居然想拒绝我，有什么好挑剔的！"②

第三，个性霸道。霸道，表现在平日好武，崇尚暴力解决问题；在社会关系上，以自己的权势去碾压对方；在两性关系上，不顾及对方的想法和考虑，仅从自己的角度出发，替对方做决定。

道明寺性格嚣张跋扈，在贵族学校中拉帮结派，和志同道

---

① 道明寺在剧中的设定是重武轻文，此处 size 本应是 sense，指"品味"，但道明寺学业不精，说错英文词儿了。
② 这段台词誊录自《流星花园》字幕。

合的富二代组成F4，在校园中横冲直撞、打架闹事、恶作剧，全不把校长和老师放在眼里。对看不顺眼的人，动不动就拳脚相向。哪怕只是因为一点点小事不合，也会给别人发警告红纸条，纸条上写着"You'll be dead"。当想除去生活中令人不快的人时，道明寺会直接去校长办公室，要求校长将别人开除出校。校长有异议时，他凭借权势威胁校长："如果他们两个不走的话，你走。"对喜欢的女孩子，道明寺有着强烈的占有欲。在还没有搞清楚这种喜欢究竟意味着什么的时候，他就认为这个跟别人不一样的、引起了自己好奇心的女人是自己一定要得到的。"杉菜就是我的女人"——他物化女性，将其作为自己的附属品，对没有直接拜倒在自己金钱魅力下的杉菜充满了征服欲。

图 5-4《流星花园》中的道明寺

第四，有处女情结。霸道总裁们往往对喜欢的女性要求情感和肉体上的绝对忠贞；很在意她之前有没有喜欢过别人，也绝不允许她在认识自己后再喜欢其他任何人,哪怕这个时候她还没有和霸总确立关系。霸总要求情感的独占。他们完全不能容忍处女失贞;当获得女性的"第一次"时,往往觉得是感情的加分项。道明寺同样如此。《流星花园》中,当道明寺和杉菜在跌倒时意外接吻后,道明寺非常开心地笑了:"真没想到,你还没有接吻过,你的第一次还是跟我欸。"第一次约会的时候,道明寺回头看到杉菜被人拦住要求做问卷调查,一脸不悦地把杉菜拉走,还凶她:"你怎么这么喜欢跟别人搭讪欸!检点一点好不好?"当他误以为杉菜去跟别人开房后,简直是心如刀割。

第五,莫名其妙爱上"灰姑娘"。从情感关系来看,霸总的对象一定是"灰姑娘"原型:家庭条件非常一般,本身工作能力不强或者学习成绩差,长相平淡、只能以清纯可爱取胜,有的连情商都比较低,唯一确定的优点是"真诚善良"。

"灰姑娘"从家庭财富、社会地位、智商甚至长相上都和霸总相距甚远,但霸总们总会忽略身边更为漂亮或者学业/工作能力更为出色的女二号而莫名其妙爱上她们。这固然是大多数观众喜闻乐见的,但在逻辑上却很难成立。为了使霸总对"灰姑娘"的一往情深变得合理,编剧必然要给"高富帅"霸总安排一个弱点,所谓"阿喀琉斯之踵",而灰姑娘恰好能治愈这个弱点,成为霸总的真爱。

剧集有时会为男主角增添一些意外的成长背景,比如家庭破碎、曾经的病痛。但这些并不会剥夺总裁的身份,而仅仅是为考验爱情设置的障碍,或者是男女主角心意相通的催化剂。霸总通常都有着忙于事业的双亲、缺乏家人关爱的童年,有的则经历了为抢夺家产的手足相残,因此大多个性冷漠、不善言语或缺乏安全感。原生家庭也使他不懂感情或不擅处理感情问题,在爱情中患得患失。与此形成对比的是,"灰姑娘"们尽管出身贫穷,却父慈母爱,因此有着善良的心,能温暖对待霸总。

在《流星花园》中,杉菜便是弱小、贫穷,但又无比坚强、勇敢、正直和乐观的"灰姑娘"代表。她用拳头教训道明寺,唤起道明寺对同样习惯于以暴力教训他但其实又很爱他的亲姐姐的美好回忆;她的父母热情对待道明寺,让道明寺感到一家人在一起吃饭其乐融融的温馨。这些填补了道明寺心中的空洞,让他宁愿拒绝门当户对的漂亮女人,突破家庭的阻挠坚决与杉菜在一起。

纵观以上对霸总的分析,不难看出,花样美男的形象建构起了霸总在审美上的特点。打架、英雄救美等场景展示了霸总的雄性荷尔蒙。霸总在情感关系中的主导地位以及暴力气质,突显了霸总的性吸引力。而"灰姑娘"为什么喜欢霸总,电视剧总想尽力表现出这是一见钟情,是莫名吸引,是爱上霸总的颜值无法自拔,总之,双方的爱情是纯粹的、与物质无关的。但不可否认的是,霸总优越的经济条件和社会地位对于女主角而言是脱离困顿生活的阶梯。从结果而言,每一部剧中的"灰姑娘"都依靠霸总的能力、权力与财富,摆脱了物质上的贫困、工作/学业上的难题以及生活中的一切其他烦恼,实现了阶层的跨越,过上了美好的生活。

对于这一点,早期的剧集是更为不加掩饰的。例如在《流星花园》中,吃糠咽菜送女儿上贵族学校的杉菜父母,目的就是希望女儿在学校中钓得金龟婿。当道明寺因为听说杉菜生病而冒失拜访杉菜家时，杉菜父母表情狰狞，说他"一看就知道不是什么好东西"；而当道明寺说出自己父亲是财阀道明诚时，杉菜父母双膝一软，直接跪倒在地上，面面相觑，列数了道明家的公司名字和资产数量。他们完全不用了解道明寺是什么个性、是不是爱自己的女儿，就在第一时间表示了接纳，并极尽谄媚。后来某次杉菜留宿道明寺家时，道明寺给杉菜父母打电话告知。他转告杉菜说："我刚有打电话到你家，跟你们家人说你会在这里住，可是不知道为什么，你妈妈好兴奋。"道明寺也许"年幼无知"，但作为观众的我们，不难理解杉菜妈妈的兴奋是来自于她觉得女儿今晚能跟道明寺发生点什么，而这个发生点什么可能会导向一个原来想都不敢想的婚姻。

霸道总裁的设定之所以在后来的言情剧和偶像剧中跟随者众，是因为市场的成功揭示出，霸总是满足普通女性观众对异性和美好生活想象的集大成者。剧中作为财富与地位的象征的霸总，是在普通女性身处的狭小社会空间中掌握最高权力的统治者，他们身份地位高贵，兼具俊美外貌，为爱情挥金如土，不论是其生理条件还是性格特征，都契合了传统父权制神话的理想状态——高大、矫健、内敛、果断，具有明显的大男子主义。这满足了女性观众对于绝对权力的幻想，帮助女性观众在想象空间中找到一个强有力的依靠，来对抗现实空间的无力与压迫；哪怕在现实中遇不到这样的男人，在观剧过程中代入女主，替代性地经历这样的情感过程，也是一种情绪上的满足和疗愈。然而这种对抗方式，也是女性自我矮化的过程——通过委身于灰姑娘的童话寓言中，放弃自我努力，期待运气与奇迹，寄希望于某个男人看到自己的好，从而将自己拨出现实生活的泥沼，同时在爱情中承担着来自付出不对等的惶恐与焦虑。

这其实也映照着现实生活中，随着社会物质条件从匮乏转向丰沛，社会财富分配的差距不断加大，生活中的"高富帅"们，给无法逃脱庸常生活、渴望被解救的普通女性带来的幻想。在媒体和网络讨论的叙事中，现实中的富豪，诸如李嘉诚、霍英东、王健林等的儿孙，就被建构为现实版的"霸道总裁"，女明星"嫁入豪门"便是现实生活中的灰姑娘故事。这种叙事满足了普通人对富裕阶层的好奇心与窥私欲，也进一步加强了大多数普通男性的生存焦虑。

霸权式男性气质

不妨以性别气质的角度来观照"霸道总裁"的存在。

通常来说，社会学家用性（sex）这个术语指男性和女性在身体解剖学和生理学方面的差异；用性别（gender）指男性和女性之间的心理、社会和文化差异。

认为男性和女性行为的差异来自于生物学，也即从激素到染色体、大脑的体积、基因等各个方面的不同的论点，并没有得到强有力的证据支持，也不是被所有社会学研究人员认同的观点。自20世纪70年代以来，越来越多的学者采用性别建构主义的视角。也即认为，儿童通过与社会化机构的接触，行为受到正面或负面的刺激，即奖励或惩罚，从而逐渐内化了与其性别相符的社会规范和期望。性别差异不是由生物学决定的，

而是文化的产物。(吉登斯,2004:102—103)

从古希腊始,西方哲学中就将男性视为统治者,女性则是被统治的一方,这一认识影响着西方思想界和社会观念。直到伴随着女性意识觉醒和女性社会角色改变的女性主义(feminism)运动带来了对性别的全新认识,人们才认识到两性差别作为文化建构的产物,是为了顺应特定历史时期的统治需要,实现两性不同的社会政治功能。在这样的背景下,不难理解,社会学家们更关心男性对女性的系统性压迫,也即父权制,以及父权制所带来的社会不平等待遇,乃至家庭中的暴力和性迫害,甚至是对日常生活中何为女性气质(femininity)的定义。

与之相对,早期性别研究认为男性和男性气质(masculinity)是容易理解的、不成问题的。20世纪80年代末,社会学家才越来越关注男人在形塑他们的更大的社会秩序中的地位和体验,男性的自我认同如何形成,社会制定的角色对男人的行为有何影响。研究者们否定了男性气质的单维存在,提出男性气质并非是一套固定不变的社会规范或是人格特质。

康奈尔是男性气质研究中影响力最大的学者。她把父权制和男性气质概念结合为一个性别关系的总和理论。她提出劳动、权力和投注(cathexis)这三者共同起作用又互相改变,是性别关系得以建构的三个主要领域。劳动指劳动的分配形式,也就是性别分工;权力指的是以父权制为核心的现代社会通过国家机器以及家庭生活中的权威、暴力和意识形态等方式形成控制;投注指私密、情感和个人生活中的动力学,比如包括婚姻、性行为和养育后代在内的异性恋夫妻关系。这三个互相影响的社会领域树立起了性别关系，男性气质和女性气质就是在这三种关系下，在实践中被建构起来。（R. W. Connell, 1995）

在《男性气质》一书中，康奈尔提出男性气质的三重指涉——它指男性和女性在性别关系中的位置；也是男性和女性确定这种位置的实践活动；亦包括这些实践活动在身体的经验、特征和文化中产生的影响。她将实践中建构起来的男性气质划分为四种类型，分别是霸权式（hegemony）、从属性（subordination）、共谋性（complicity）、边缘性（marginalization）。

霸权式男性气质借用了葛兰西的文化霸权概念，指在社会关系中处于主导地位的男性气质，通过社会机构、国家机器以及媒介形式，而非暴力形式，得到更大范围内的认同，实现对其他群体的支配。霸权式男性气质是父权制合法化的具体表现，意味着男性的统治地位和女性的从属地位。这种男性气质与异性恋和婚姻关联，也与权威、有报酬的工作、力量和健壮的身体有关。而在社会上能达到霸权式男性气质标准的男性并不多，但许多男性依旧从"家长制红利"中获益，体现了共谋的男性气质。（R. W. Connell, 1995）

与霸权式男性气质存在从属关系的是从属的男性气质（主要为同性恋男性气质）和从属的女性气质。受强调的女性气质在年轻女性中与性接受能力有关，在年长女性中与母性相关，这两者都被引向满足男人的利益和愿望的方向。（R. W. Connell, 1995）

从上述性别角色理论出发，观照"霸道总裁"和"灰姑娘"这一对常见的角色关系，不难发现，"霸道总裁"代表的就是康奈尔分析中的霸权式男性气质，所展现的特点是权威、有工作、孔武有力；被他们爱上的"灰姑娘"则是受强调的女性气质，她们具有性接受能力，温顺、从属。这对角色关系体现了父权制决定的性别关系中的核心议题：男性对女性的支配。

传统男性气质的危机与"新男人"

但是社会学家们也开始意识到，传统男性气质面临着危机。支持男性权力的家庭、国家体制在瓦解，男性支配女性的合法性在减弱。社会中越来越多的男性处于长期失业或者相对收入减少的状态，这挑战着传统男性"养家糊口者"的地位；女性主义运动，特别是LGBTQ运动的崛起，也冲击着原有的性别秩序。(吉登斯，2004：116—117)

值得注意的是，在东亚社会中，我们也看到了相似的趋势。例如，深受儒家文化影响、一向以男为贵的韩国社会，近年来出现"女超社会"现象[①]，也即女性人口超过男性人口，女性入学率持续高于男孩[②]，受高等教育的女性越来越多，甚至在首屈一指的精英摇篮首尔国立大学，新生中的女性比例也呈现持续上升趋势。更多女性获得高等教育，意味着女性作为一个性别群体，将会在就业机会、经济收入上有所提升，也将相应获得更多的话语权。

[①] 参见《"女超社会"，韩国女性转向"霸气"》，《环球时报》，2018年6月11日，https://world.huanqiu.com/article/9CaKrnK9hQ4。
[②] 参见《去年韩国女生大学入学率为75% 男生为68%》，KBS world radio，2015年3月20日，http://world.kbs.co.kr/service/news_view.htm?lang=c&Seq_Code=45410。

另一方面，随着当代社会中家政服务业需求的增加，即使是未获得过高等教育的女性，也能找到大量零工机会。在家中工作的岗位上，例如月嫂、育儿嫂、负责烹饪和清洁的家务小时工，雇主都明显更青睐中年女性。这也使得很多受教育程度很低的普通婚后女性，成为了家庭中主要的收入来源，从而在家庭中获得了更多的权力。

以上枚举，未见得全面；但以一斑窥全豹，不难理解，近年来男性在面临就业机会和经济地位的变化时，对自我定位的认知、对两性关系的处理，都不得不发生变化。

也因此，我们也不难发现，乔纳森·卢瑟福（Jonathan Rutherford）对大众文化、新闻、广告和时装界中的男性形象的研究结论，也能在我们的社会语境中找到呼应。卢瑟福提出，一共有两种理想化的男性形象，一种是传统的、克服所有威胁、维护传统秩序的"报复性男人"，以动作电影中靠武力守家护园的兰博（Rambo）形象为代表；一种是在80年代后越来越多出现的"新男人"形象，具有父性，是强壮而温和的养育者，也是性对象。（Chapman and Rutherford，1988）

"新男人"的形象，依旧强壮，但添加了"温和"的特质；而温和，曾是"从属性男性气质"的特点。"新男人"作为性对象，更是进一步颠倒了长期以来媒体表征中女性是男性凝视的客体的关系，暗示着女性凝视的新议题。"新男人"作为一种变化中的代表性男性气质，恰好和我国言情剧中"霸总"的变化趋势相吻合，奇妙地呼应了当下甜宠剧中最受欢迎的男主角的特质。

霸总 2.0

甜宠剧努力探索着男性气质的构型，作为对当代女性观众心理变化的一种回应。如果说以道明寺为代表的霸道总裁可以被称作"霸总 1.0"的话，那么以八王爷、肖奈、厉致诚等甜宠剧男主为代表的"霸总 2.0"，除了依旧有颜、有钱、莫名其妙爱上女主、要求女主在情感上的忠贞等特点，还有着很多新的变化。

富二代与创一代

霸总们依旧是其所处社会空间中的权力顶层，但其"工作岗位"更加丰富多彩。因为剧集的时代设定已被拓展到古代和架空宇宙，所以霸总们的身份也被拓展到古代的"王爷""侯爷""太子""世子"，修仙界中的"掌门""上仙""天地共主"；在校园剧中则依旧是"学霸""校草""大神"。

而在现代职场的设定中，如果说霸总 1.0 主要是富二代，继承了父辈们所掌握着的经济资源、政治资源与文化资源，也因此常常受制于父辈，其爱情的阻挠往往来自家族，那么在霸总 2.0 中出现了越来越多的具有创业者品格的富二代，甚至是"创一代"。围绕传统富二代们展开的叙事，展示了二代的资源优势和阶层固化，也展示出普通人进行社会流动的困难——一无所有、唯有善良的平民女性只能通过"灰姑娘"的爱情奇遇来赢得世界。身为"创业者富二代"或"创一代"的男主，则能向观众传递一个信息：相比先天优势，个人能力与后天努力才能使人真正走上"人生巅峰"。对于普通观众来说，这更具有亲切感和激励性，也使得富有者的财富更具合法性。

《谈判官》(2018)中黄子韬扮演的谢晓飞可以说是近几年偶像剧人设中与道明寺最接近的一个，他与杨幂所扮演的女主角的关系在媒体报道和影评中常被描绘为"甜宠"或"怼宠"，也即一边斗嘴一边秀恩爱。谢晓飞出场时一副嚣张跋扈、目中无人的纨绔子弟形象。当他后来遭遇股权危机，被赶出公司，经过了做外卖员、创业等人生历练后，终于洗去了身上的霸道气质，成长为稳重干练的企业领袖，当然也最终赢得了心爱的人。这一叙事，突出的不再是财富所带来的特权，而是着重于"霸总"需要为了守住家业而不懈努力，改正自己的缺点，并在此过程中展现出他的聪明才智、意志力和绝不轻易放弃的气概。

《你和我的倾城时光》(2018)的男主人公厉致诚，则是从一出场便更具创业者气质。作为一名前特种兵，他退役后临危受命，在家族企业遭遇危机时尝试拯救濒临破产的服装公司。在他身上，凸显的是服从命令听指挥、遇到困难绝不退缩的军人气质，其思维方式、行为方式以及交际圈都更偏向军人的职业身份。当进入不熟悉的服装设计制作行业时，他表现出严谨自律、刚正不阿的品德，全靠专业上的努力与出色表现，通过各种考验，获得事业上的成功。这样的男主人公，尽管走的依旧是高颜值、强壮、冷峻、说一不二的霸总人设，但已与中国军人气质和创业者的品格完美融合在了一起。同时，厉致诚也是在网络讨论中被频频提及的甜宠男主，是中国式"新男人"的代表。

如果说厉致诚从事的是传统行业——服装制造业，红极一时的《亲爱的，热爱的》（2019）中的男主人公韩商言则从事了时下最热门的电子竞技业。韩商言外貌英俊，性情冷酷，对下级来说是喜爱说教、管束严厉的男神，对女主人公来说是闷骚温柔的情人。但除此之外，他最重要的特点是能为了电竞业而不断奋斗拼搏。作为电竞职业赛手时，他是战队的主力，拿下十多个国际赛事的冠军，拥有百万粉丝和专属网站；退役后，他作为投资人，建立起俱乐部，组建起队伍，严格训练和管理队员，力争拿下世界冠军，充满"狼性"和热血。该剧将男主人公的事业拼搏与为国家的荣誉而战交织在一起，使其奋斗充满了正当性。

与甜宠剧男主的这一变化相呼应的现实是，2014年9月，国务院总理李克强发出了"大众创业、万众创新"的号召，作为双创政策的起点。次年初国务院办公厅发文设立国家新兴产业创业投资引导基金，助力创业创新和产业升级，"双创"成为全民关注的热议话题，推动了年轻人的创业热潮，也使创业成为改变人生的重要途径。现实中科技型创业公司的成功，更是推进了人们对头脑聪明又具有领导力的青年才俊的想象。这样的青年才俊出现在剧中，非常地具有时代感。

禁欲系背后，排他式的专宠

禁欲系，是近年来新出现的一种颇受女观众喜爱的男性角色类型，代表人物如夜华、梅长苏和白子画，"外貌清淡高雅，个性沉默内敛，情感克制"（王玉玉，2016）。配上这种清冷个性的，还有英俊的外貌和讲究的衣着。当然，他们之所以是"禁欲系"，其核心特征是对异性没有表现出明显的欲望。

禁欲系越来越成为甜宠男主的显著标签。

甜宠男主,具有在观众看来非常有性吸引力的生理特征,同时青春年少、正处择偶期,但却对身边异性的爱慕之心全无兴趣,或无法感受,甚至有点厌烦。这样的男主,在事业上心思缜密、表现出色,但在情感上却具有处子般的懵懂与纯真,似乎不谙性事。

他们在没有遇到女主角之前,对男女之情无欲无求;一旦遇上女主角,却一反常态,莫名擦出火花,命中注定般为之牵肠挂肚,步步试探,展现出恋人的无限温柔和深情,为爱情做出许多有违规则的事情,甚至不惜冒险或牺牲自己的前程。

女主角激发了男主角的缱绻情感,但这种感情始终只面向一个人。男主角能否对具有反派意味的女性配角进行判断,从而抵抗来自外界的诱惑,或者甄别出蛇蝎美人的邪恶内心,兑现忠诚于爱人的承诺,成为重要的叙事环节。理想的男性角色不仅不能对爱情产生犹豫或疑虑,更要在面对诱惑与潜在的危险时更加敏锐与果敢,才能被称之为道德典范。

被坊间称为"古偶男主人设天花板"或者"十全好男友"的韩烁,是小成本网剧《传闻中的陈芊芊》(2020)的男主角,成为最新也最受欢迎的甜宠男主之一。他对陈芊芊的爱,始于"脑补",也即在对方还没有这个想法的时候,自顾自认为"该女子钟情于我"。从此他便一往无前地向陈芊芊投入所有情感,只求付出,不求回报。他只看得到对方的好,即使对方做出不利于自己的事,他也会找出理由来合理化一切。他为实现陈芊芊当上城主的愿望,不惜放弃自己需要毁掉这座城池的使命、自己所在的玄虎城的利益，到最后为了实现陈芊芊回到现代的愿望，不惜牺牲自己的性命。在此过程中，一往情深的他对陈芊芊几乎从不误会、从不猜疑，同时对其他所有女子的追求视而不见，完全不为他人所动。

韩烁的案例，典型地说明了，男主所谓的"禁欲"并非不懂情爱，而是只"禁"对其他异性的"欲"，只爱唯一的人，包括帮助爱人实现自己的理想。这里被强调的，是爱情的唯一性与忠贞。

为了凸显这种只为一人倾心的忠贞，很多具有修仙、穿越元素的剧，甚至安排男女主人公生生世世只爱对方。最早或可追溯到《仙剑奇侠传三》。紫萱痴心等待徐长卿三世，每一世的徐长卿都不顾道法约束，深爱紫萱并且为她赴汤蹈火。近年的代表性作品包括《三生三世十里桃花》。不论男主角是池中的莲花，九重天上的天子，还是凡人，他的心只为白浅所动。剧中迷恋夜华的女性配角们，从未在夜华处得到片刻真心。夜华对谁都是淡淡的，惟有对白浅是炽热的，是正常的有七情六欲的男性。《双世宠妃》同样如此，不管八王爷是在架空的东岳国，或是玄灵大陆，还是穿越到现代，不管他身处何种境地，面对何种矛盾或挑战，他爱的只有小檀而已，其他一切都可忤逆、都可抛弃。

所以"禁欲系"的背后是排他式的"专宠"，不但强调男性角色对待情感的忠贞不二，还要强调他为了情感对象可以与世界为敌、与自己家族为敌，甚至献出自己的事业与生命，付出完全不计回报；更强调被爱上的女性享有他的这种奉献的正当性。这种忠贞,在时间和空间的维度上都被拉到极致,近似神话。而"宠"的维度也臻极致——从对理想的追求到现实生活中的柴米油盐。

反观现实生活,从社会新闻、身边见闻到现实主义电视剧,常见四处开屏的"花孔雀"式男性,常见出轨、小三、"绿茶"、"白莲花"等桥段,常见人性中的自私自利与满心算计。而甜宠剧中的男主,不仅一反现实生活中的懊糟;相对于之前的霸总1.0,都有了巨大改变:爱上一个人,就不会被"恶毒女二"拆散;足够硬气,也绝不会被家族拆散;特别能奉献,连命都不要。这种叙事给观剧女性带来代入时的极致体验,给被现实新闻搅得紧张不安的心带来了极大的宽慰。

成为一个丈夫

所有的浪漫童话故事,都以"从此他们幸福快乐地生活在了一起"作为结尾,不告诉读者或观众婚后可能是一地鸡毛。在罗曼司故事中,重点在于男性和女性如何施展自身魅力赢得对方的认可和倾慕,走进婚姻殿堂后的家庭空间和家庭关系只是结果,不是叙事重点。但从本章前述的分析可以看到,甜宠剧不再避讳家庭生活的柴米油盐,那家庭叙事又如何参与到新的男性气质的建构呢?

其实在台湾偶像剧《恶作剧之吻》中早已有端倪。这部开播于2005年的偶像言情剧,提供了经典的"女追男"/"学渣追学霸"叙事——相貌平凡且毫无才情的湘琴暗恋校草学霸江直树,通过不懈努力,获得了江直树的回应,走入婚姻。该剧的续集则脱离了一般偶像剧的常规,侧重于江直树如何成长为一个好丈夫。尤其是在湘琴个人能力不足且有自卑心态的情况下，江直树鼓励妻子成长，追求自己喜欢的事业，保持自己的本色，无需为了迎合丈夫而做出牺牲和改变。江直树至今仍是众多女性观众心中的男神，是完美伴侣的代言人。

这样的角色在当时的电视剧中是非常稀少的，但真切地反映出社会变化过程中工作女性对新的婚姻家庭模式的渴望。因为能够得到一定程度的教育甚至高等教育、从事一份养活自己的工作，女性的婚姻就不再是主要出于经济目的的结合。由中国妇女杂志社等单位于2018年6月联合发布的《女性生活蓝皮书》显示，在城市地区，女性已成为家庭收入的顶梁柱，被调查者（女性）的平均个人收入超过了其平均家庭收入的一半[1]。对于情感的需求，互相的扶持，夫妇之间积极关系的创造和维持，成为个人和家庭生活的中心。在这种情形之下，婚姻中的或计划走入婚姻中的女性最渴望得到的伴侣，便是既令人尊敬——聪明、有才干，又能尊重自己——不强迫自己做任何事，还不会随便背叛婚姻的男性，也即一个理想的丈夫。所以我们看到，前述分析的关于甜宠剧的网络讨论的高频词中，包括"婚后"、"先婚后爱"和"护妻"。

在近几年的甜宠剧中，我们看到了男性与女性在办公室恋爱中共同打拼事业，在追求事业的过程中收获了更深刻的爱情，和谐的婚姻与家庭生活成为他们最终的回报奖励。在《你和我

---

[1] 此处数据引用自新华网关于《中国女性生活蓝皮书》的报道：http://www.xinhuanet.com/fortune/2018-06/29/c_129904160.htm。

的倾城时光》中,厉致诚是服装公司老总,林浅是服装设计师,剧情主要围绕他们迎接各种挑战、一步步克服困难、合力办好企业展开。厉致诚向林浅告白那日,林浅忍不住问厉致诚:"你是从什么时候喜欢上我的?"厉致诚回答说,是从她穿着自己设计的抢险衣样衣、躺在水里接受测试的时候。在这个回答里,竟能嗅到如《激情燃烧的岁月》中那般的"战斗的革命友谊"。这或许正是从"双职工"家庭结构出发的女性的渴望。

我们也看到多部剧中,有所谓男主人公走上"漫漫追妻路"的叙事套路。男主人公们早早明确了自己的心意,用半是隐瞒半是强迫的方法,通过一纸婚书将女主人公定下,再在婚后"小意温柔",一步步走向"双箭头"的浓情蜜意。例如在《奈何 boss 要娶我》中,港东首富凌异洲喜欢上了十八线演员夏林,电视剧开始没两集就设计让夏林和他领了结婚证,再在婚后的朝夕相处中逐步培养双方的感情。早几年的《何以笙箫默》(2015)则是在第十四集就让何以琛和赵默笙去民政局领了证,用余下的十数集来讲述婚后的生活,一直到最后几集的怀孕生子。这种先领证再恋爱的做法,或者简称"先婚后爱",看起来非常老派,但意外地受到当下观众的欢迎。这究竟是两性价值观的倒退,还是"欢喜冤家"的套路让观众渴望甜蜜婚姻生活的心得到了满足?

女性凝视:女人看男人

在我国网剧观众中,女性为多数。甜宠剧的观众尤以女性观众为主。网剧的生产逻辑跟随着社会和文化的变迁，呼应着大众心理和价值观的变化，满足着成千上万年轻观众的幻想与期待。

和以前言情剧中的男主角相比，甜宠剧还有一个明显的特点，便是更为强调"男色"。无论是男主角还是男配角，都十分年轻，颜值也十分出挑；除此之外，男主角还需要在剧中秀出身材。如果说霸总1.0只需通过运动来展现其强壮，道明寺只要露出肌肉线条明显的胳膊即可；那现在的霸总2.0需要至少一次上身全裸，全方位展现胸大肌、背肌和腹肌，并且需要被女主角看到。在古装剧中，此类剧情通常安排女主角无意中闯入男主角的沐浴之处，甚至全身浸入其浴池/浴盆，进行非常近距离的接触，如《双世宠妃》《琉璃》，或者帮其上药；在现代剧中，则安排男主角游泳，如《奈何boss要娶我》，或只着运动短裤进行日常健身，如《结爱·千岁大人的初恋》中的俯卧撑，并让女主角撞见。

男性角色的上身全裸，并非推动剧情发展的必要环节；即使共同沐浴或者上药的情节的确对推动二人的感情有所助益，镜头也完全可以进行适当的遮掩。但代替观众视线的摄像机镜头，多机位、全方面地捕捉了这些男性角色裸露的肌肤，呈现出其肌肉的线条和形状，为女性观众提供了可以凝视的对象。这也表现出，对于电视剧观众而言，消费男色不再是一件可耻之事。

剧中更大量加入"壁咚""床咚"等亲吻戏。例如，据观众统计，《双世宠妃2》中共有42场吻戏，花样翻新。吻戏中，有不少让观众可以代入的主观镜头，能近距离看到男主角脸部的表情。这种被性感化的新的男性气质，是以女性为中心，针对女性需求进行的塑造，能激发女性的欲望。

对于镜头下的看与被看，约翰·伯格大约是最早予以关注之人。他在《观看之道》中写过这样一段著名的话："男性观察女性，女人注意自己被别人观察。这不仅决定了大多数的男女关系，还决定了女性自己的内在关系。"（伯格，2005：47）他分析道，在世俗化的过程中，油画中的女性裸露着，意识到有人在观察自己，并按观看者喜欢的样子裸露，温顺地看着观察者，标志着她屈从于主人的感情或要求。裸体为了激发起看的人的性欲，与女人本身的性欲毫不相干。在伯格论述的基础上，女性主义文献将女性描述为"男性凝视的客体"（object of male gaze）。

在很长时间内，男性都是凝视的主体，而非欲望的客体。洪美恩（Ien Ang）曾对《花花小姐》杂志展开研究，结论表示，男性的魅力取决于他们的气质、情调、人格，营造了异性恋的浪漫幻想，而不是想入非非的欲望（祖伦，2007：130）。

但是，男性的身体正一路被商品化和性感化。这在女性杂志和广告界变化最明显。尽管男性在面对女性凝视时有一种阉割恐惧，在面对同性欲望的凝视时恐惧更甚（Walters，1978），所以在早年的广告中，男性的视线看向远方而非镜头，以逃避凝视；而现在，男性在照片中也像女性一样直视镜头，呈现出友好的态度，或挑逗的意味。甜宠剧中的男性角色更是完全不避讳直视镜头，将镜头视作屏幕前的观众，对着镜头将俊脸缓缓送上。

借用伯格的话做一个改写——女性观察男性,男性注意自己被别人观察。这不仅决定了大多数的男女关系,还决定了男性自己的内在关系。

在女性凝视(female gaze)中,女性成为了欲望的主体。而男性也可以开始接受自己变成欲望的客体,并且从中获得名声或财富。所谓"小鲜肉"正是如此。

从霸总1.0到霸总2.0,从霸道的高富帅到甜宠男主,女观众的女性意识本身也在发生着变化。在霸总1.0时代,很多剧采用的是"灰姑娘"原型,低社会地位的年轻女性通过与高社会地位的男性结合,完成麻雀变凤凰的转变。同时,诚如吉登斯在《亲密关系的变革》中所言,女主角积极地创造了爱,并把自己变成被爱的对象,以热情化解了另一个人的冷漠(吉登斯,2001:61)。让这个叙事变得合理的,是让全方位优秀的霸总们具有"阿喀琉斯之踵",而让灰姑娘在陪伴中治愈他们。但是,从制作方到观众和市场,对霸权式男性气质没有太多批判的想法,或者受主导意识形态的影响,视之为理所当然。

直到甜宠剧时期,女性观众成为新兴的消费者,其性意识的觉醒,或女性意识的觉醒,都让男色消费变成一件自然而非可耻之事。另一方面,由于在现实社会生活中并不容易遇上完美的男性,所以她们把对男性的幻想都投射到甜宠剧男主人公的身上。这些男性角色,不仅具有传统"霸总"的男性气质魅力,还具有温柔的天性、专一的感情、对情感对象无微不至的关怀和呵护,甚至能完成女性对理想丈夫、核心家庭中的父亲的想象。

然而，在这个背后，既有女性意识的抬头，也依旧有着两性关系中主导意识形态的影响。因为从剧情的设定和观众的期待来看，女主角依旧谈不上完全独立或者与男主角平起平坐。当男主是花艺大师时，女主是花艺公司职员；当男主是杂志主编时，女主是杂志实习编辑；当男主是天才建筑师兼老板时，女主是秘书；当男主是学霸时，女主是学渣……女性观众依旧希望被呵护、被保护、被帮助，在能力上被补足，在情感上付出。而且最终是以走入婚姻殿堂为目的，通过婚姻达成阶层跃升，所谓"好嫁"。

所以，不要问观众为何沉迷于一部又一部甜宠剧，因为理想的男性浪漫对象能让观众沉浸在逃避主义的幻想中，在梦境中追逐日常世界中无法得到的东西。在生产领域中，中年男性们定义着权力的等级；而在消费领域中，女性通过集体消费重新定义了心目中受欢迎的男性气质。

参考文献

Chapman, R. and Rutherford, J. 1988. *Male Order: Unwrapping Masculinity*. Lawrence & Wishart Limited.
Connell, R. W. 1995. *Masculinities*. Polity.
Walters, M. 1978. *The Nude Male: A New Perspective*. Paddington Press.
［英］伯格，2005，《观看之道》，桂林：广西师范大学出版社。
骨朵数据，2019，《甜宠网剧报告》https://www.sohu.com/a/352872970_

郝建，2008，《中国电视剧：文化研究与类型研究》，北京：中国电影出版社。

[英]吉登斯，2001，《亲密关系的变革——现代社会中的性、爱和爱欲》，北京：社会科学文献出版社。

[英]吉登斯，2004，《社会学》，北京：北京大学出版社。

王玉玊，2016，《论"女性向"修仙网络小说中的爱情》，《中国现代文学研究丛刊》第8期。

薛静，2018，《脂粉帝国——网络言情小说与女性话语政治》，北京大学。

尹鸿、王旭东、陈洪伟，2015，《IP转换兴起的原因、现状及未来发展趋势》，《当代电影》第9期。

[荷]祖伦，2007，《女性主义媒介研究》，桂林：广西师范大学出版社。

第六章

劳有所得：短视频平台上的创意劳动

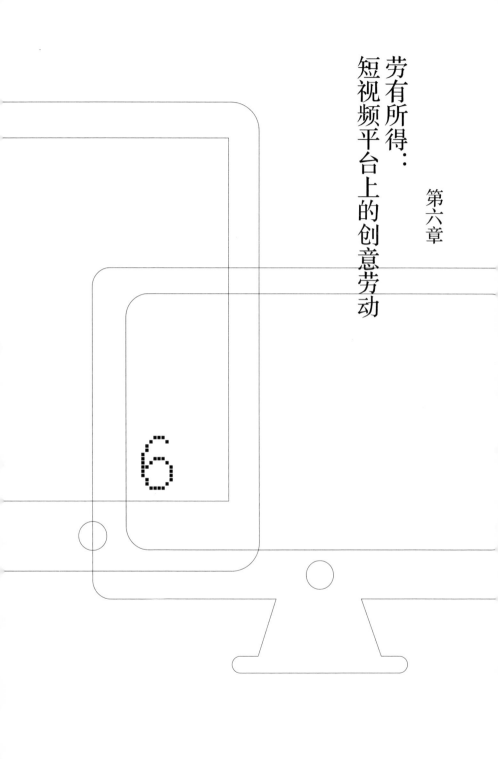

第六章　劳有所得：短视频平台上的创意劳动 | 173

数字劳动与创意劳动

数字劳动（digital labor）是近年来传播学界的热点研究议题之一。它奠基于马克思的劳动概念，与早先的"非物质劳动"（immaterial labor）（Hardt，1999）、"知识劳工"（knowledge worker）（吉登斯，2003）等重要概念相映成趣。国内学者近年的相关研究，大多沿用产业工人劳动研究的经典视角，讨论资本流动、劳资关系、劳动分工等传统议题在新兴数字产业中的新表现、新问题。IT业的程序员、媒介产业实习生、游戏业的美工、被算法支配的外卖小哥等成为这些研究关心的具体劳动者（如：姚建华，2018；孙萍，2018、2019；夏冰青，2018；黄佩、杨丰源，2018）。另有研究关注了社交媒体普通用户的新型劳动，认为互联网产业构造了"劳动的快感"，让数字劳工们自愿参与其中，劳动的场域扩展到了家庭和社会（吴鼎铭，2017；李彩霞、李霞飞，2019）。

另一种理论脉络基于"创意产业"（creative industries）的视角。《英国创意产业路径文件》（DCMS, 1998）中最早提出了创意产业的定义："那些从个人的创造力、技能和天分中发展出来，并通过对知识产权的创造与开发而带来潜在财富和就业机会的产业。"随后诸多学者就创意产业展开了丰富的论述，如霍金斯（Howkins，2002）、佛罗里达（Florida，2002）、凯夫斯（Caves，2002）、哈特利（Hartley，2005）、拉什与劳瑞（Lash & Lury，2007)、弗鲁（Flew，2011）、赫斯蒙德夫（Hesmondhalgh，2012）等。

哈特利（Hartley，2005）指出，创意劳动者（creative workers）是那些不同国家中富有才华并将创意用于设计、制造、表演和写作中的劳动力。麦克罗比（McRobbie，2002）则认为创意劳动者虽然自由自在，但也趋向于这种状态：打零工、给多个雇主干活、彼此间难以联合、总将工作上的失误归咎自身。不论如何，在全球范围内，创意劳动者的数量和影响与日俱增，创意劳动在文化和商业上都成为演化中的先锋领域。创意不是传统工业模式中生产力的延伸，而是经济和文化之间的动态张力，因此要有新的空间去探讨相关问题（Potts et al.，2008）。如"粉丝劳动"（fan labor）、"玩工"（playbor）等概念也不断从社会实践中诞生并被学界所讨论。

短视频创意劳动者及其研究

新近崛起的短视频，在中国拥有 8 亿左右的用户。也就是说，超过半数中国人会观看、创作与分享短视频内容。越来越多普通人开始通过短视频创作展现创意才能、追求职业理想。

8 亿左右短视频用户中，大部分都在使用抖音和快手两大平台。截至 2020 年 1 月，抖音国内日活跃用户（DAU）已经超过 4 亿，快手的国内日活跃用户也突破了 3 亿。[①] 月度活跃用户过亿的其他短视频平台，还包括与抖音同属字节跳动旗下的西瓜视频和抖音火山版（曾用名"火山小视频"），以及腾讯旗下的微视。

到 2020 年 8 月，抖音的日活跃用户（包含抖音火山版在内）已经超过了 6 亿。而抖音官方发布数据宣称，过去一年有超过 2200 万人在抖音得到收入，合计收入超过 417 亿元。[②] 不论是创作者人数还是收入总额，都说明短视频创作与运营已经是一种显著的创意劳动形式。

海量用户与巨大影响，也让围绕短视频的争议不绝于耳。公众舆论和媒体评论多呼吁短视频平台应当加大监管力度、承担更多社会责任；专家学者还曾警示用户沉迷、隐私泄露等相关问题。在人文社科领域，有关研究常常采用以下三种视角之一：

一是将短视频平台视为一种"社交媒体"，并考察其传播模式；二是认为新兴信息传播科技正在将新媒体受众转化为"数字劳工"，并批判性地分析劳动者与所在平台的关系，即"平

[①] 抖音短视频 APP，《2019 年抖音数据报告（完整版）》，2020 年 1 月 10 日，https://mp.weixin.qq.com/s/mjzr2ssMpmDdVeMeiOTb3g，2020 年 2 月 1 日。央广网，《2019 快手内容报告发布：2.5 亿人发布作品 日活突破 3 亿》，2020 年 2 月 22 日，http://tech.cnr.cn/techgd/20200222/t20200222_524986774.shtml，2020 年 3 月 4 日。
[②] 澎湃新闻，《抖音：日活用户破 6 亿，未来一年要让创作者收入 800 亿》，https://www.thepaper.cn/newsDetail_forward_9178948，2020 年 9 月 15 日。

经济";三是基于法兰克福学派的大众文化批判,针对短视频文化及其社会影响展开分析。这些研究为我们理解短视频平台、现象和文化提供了多元而有益的参照。

社交媒体时代,人人都可以在网上创造和发布内容,几乎所有用户都是广义上的内容生产者。学界也不乏针对宽泛概念上的在线内容生产的研究。这些研究通常旨在发现普通用户创造内容的心理和情感驱动、揭示平台经济将用户的轻度劳动转化为商品的机制。

而本章所关注的"创意劳动者"(creative worker),是持续、深度地投入内容的创作与传播,甚至以之为业,从中获取自己部分或全部收入的人。这个群体与出于兴趣、娱乐、社交等目的,偶然而随意地发布内容的广大人群不同。在所有短视频内容生产者之中,创意劳动者占比或许不到1%,但其供给的内容却吸引了短视频领域大部分网络流量。针对这种劳动形式及其劳动者群体的实证研究目前在国内还较为少见。

作者与多位研究者合作[1],以国内最大的短视频平台之一抖音APP为对象,在数据搜集方面得到字节跳动公司的协助,旨在探索:创意劳动者究竟为什么要开展短视频的创作、发布和

---

[1] 作者在2019年通过跨校合作,对抖音平台上的创作者进行了研究。合作者包括北京师范大学艺术与传媒学院冯应谦、何威、丁妮等学者,研究助理包括作者指导的清华大学硕士研究生芮钰雅和刘宣伯和北京师范大学的硕士研究生刘维伊、李佳倩、刘梅、金赫棋。研究成果曾被撰写为非正式出版的调研报告,并由本研究团队代表在2019年8月24日于上海举行的"抖音创作者大会"上作主旨演讲公布,团队不同成员也就此研究成果在首尔国立大学、暨南大学做过学术分享。

运营，并以此为业？围绕短视频的相关劳动又给这些创意劳动者带来了哪些影响和改变？该研究综合采用大数据分析、问卷调查、深度访谈等方法，并产出了一系列成果。

我们向抖音平台上 121234 位拥有万名以上粉丝的短视频创作者发放问卷，回收了 2375 份有效问卷，对问卷的数据分析呈现了关于这些短视频创意劳动者的六方面的信息：人口统计信息、工作方式、收入状况和满意度、工作满意度、生活质量、心理状态变化。研究选择并改编了两份经典量表——"明尼苏达满意度问卷"（Minnesota Satisfaction Questionnaire）和世界卫生组织主导开发并验证的生活质量量表（WHOQOL-BREF），以了解短视频创意劳动者的工作满意度和职业状况；还使用了涉及情绪、自我效能与人际关系感知这 3 个维度的 6 个问题，来评估从事短视频创意劳动后劳动者们的心理状态变化。

这部分研究的主要发现如下：

首先，人们选择短视频创意劳动的首要原因是它能带来切实的收入。在全国居民人均可支配年收入大约 3 万元、"6 亿人月收入仅 1000 元"的当今中国，短视频创意劳动成为一种可以谋生的工作机会。在受访者当中，已有 33.56% 的人将抖音创作作为目前主要收入来源；约有四分之一的人，仅从抖音创作中获得的收入已经超过 2018 年全国居民人均可支配收入的水平。全职从事抖音创作的劳动者，月收入普遍超过了自己上抖音之前的水平；而兼职从事抖音创作的人，如果没有丢掉过去的收入来源，总收入将呈现一倍到几倍的增长。但另一方面，受访者对自己在抖音上的收入总体而言满意度不高，反映了劳动者的期待跟现实之间的差距。

第二，受访者们的工作喜好度、工作满意度、对工作平台的满意度都相当高。在这个大家经常哀叹"人为什么要上班"、对工作普遍存在倦怠甚至厌恶情绪的社会里，这有点令人吃惊。劳动者对自己生活质量的评价也相当高，心理状态也显著地变得更好。从中可见，短视频创意劳动增进了劳动者的福祉与获得感。

在问卷研究之外，我们还通过大数据分析和深度访谈得到了一些研究成果。我们通过大数据分析，辨识出抖音平台上最常见的短视频主题类型，并将之进一步聚合为十个创意行业集群。之后，作者带领研究助理展开了经过精心设计的深度访谈，聚焦个体劳动者，具体而真切地了解他们在短视频创作、运营过程中的经历、体验、情绪与故事。深度访谈的发现将在本章后文中展现。

十个创意行业集群

"集群"（cluster）的概念最早由著名管理学家迈克尔·波特提出。他认为产业集群是影响国家竞争力的重要因素（Porter, 1998）。在文化创意产业中，创意集群（creative cluster）被普遍看作具有产业关联度的创意企业和机构基于特定地理区位聚集起来、竞争合作、共生共赢的现象，是值得鼓励的产业发展。

抖音作为全球最大的短视频平台之一，国内日活跃用户超过6亿，一年中有2200万人从中获得总额417亿元的收入。创意劳动者们，出于不同的兴趣、特长、人生经历，聚焦于某些特定主题开展创作、表演和发布，渐渐地形成了一些显著的"创意行业集群"。如果将抖音激发的创意劳动场域想象成一座虚拟的创意城市，那么这些创意行业集群便是抖音创作者们栖身其中、安身立命的"工作场所"，同时也是亿万抖音用户每日造访、其乐融融的"休闲场所"。

对字节跳动公司提供的去除个人隐私信息后的创作者门类与标签等数据，我们辨识出最为常见的门类：美女、图文控、剧情、生活、帅哥、游戏、文化教育、时尚、美食、音乐、生活知识、宠物、创意、舞蹈、才艺、二次元、母婴、情感、休闲娱乐、普通人、技术流、体育、旅行、校园……这些门类也反映出抖音平台上发布的最常见的短视频主题类型。

基于大数据分析，结合本研究团队成员长期使用抖音的经验，以及与字节跳动工作人员的充分讨论，我们提炼出抖音平台上最为显著的十大创意行业集群（creative occupational cluster）：时尚、美容、健康、教育、美食、动漫、才艺、宠物、旅行和明星（排序不分先后）。并将这些创意行业集群各自涵盖的领域以若干关键词说明如下：

- 时尚（fashion）：服装、穿搭技巧、汉服……
- 美容（beauty）：美妆、护肤、导购、代购、整容……
- 健康（health）：健身、瘦身、教练、运动、体育、户外、养生、中医、保健品、极限运动、奥运、医学科普……
- 教育（education）：考试、英语、幼儿、培训、求职、解题、知识、艺术教育、学前教育……

- 美食（food）：厨师、厨艺、餐厅、甜点、烘焙、咖啡、茶、茶道、品酒、红酒、米其林、菜谱、吃播、土特产、原生态、养殖……
- 动漫游戏（ACG）：动画、漫画、游戏、电竞、二次元、cosplay、新番、插画、同人、网游、手游、吃鸡、王者荣耀、通关、攻略、小游戏……
- 才艺（talent）：脱口秀、喊麦、技巧、舞蹈、跳舞、街舞、音乐、唱歌、钢琴、乐器、古筝、古风、hiphop、嘻哈、特效……
- 宠物（pets）：猫、狗、喵星人、猫粮、猫砂、狗粮、宠物美容、宠物食品……
- 旅行（travel）：vlog、城市、打卡、旅拍、风景……
- 明星（stars-fans）：爱豆、粉丝、偶像、后援、演唱会、站子、街拍、站姐、模仿秀、接机、探班、应援……

创意劳动者深度访谈

我们基于从 2018 年 8 月 5 日至 2019 年 3 月 30 日的抖音平台的创作者全数据（脱敏后），根据以下三个标准筛选出 121234 个账号：（1）账号粉丝数在 1 万以上；（2）账号归属于上述十大创意行业集群；（3）剔除机构账号（政府、企业、媒体）、明星账号、问题账号。在 2019 年 6 月初，我们通过字节跳动公司的官方渠道向这 121234 个账号发放问卷，请其自愿在线填答，最终回收有效问卷 2375 份。为保护受访者隐私，回收的所有有效问卷已由字节跳动去除了受访者个人身份信息，无法对应到相应的抖音 id。但有一些受访者主动在调查问卷中留下了个人联系方式，表示愿意参与后续研究。这使得后续的深度访谈成为可能。

我们在每个创意行业集群中筛选出愿意接受深度访谈的创作者，又根据其粉丝数量的不同划分了 5 个影响力阶段（"1 万—10 万"、"10 万—25 万"、"25 万—50 万"、"50 万—100 万"以及"100 万以上"）。并在每个创意行业集群、每个影响力阶段中落实 1 次有效深访。最终本研究完成了对 50 位访谈对象的有效半结构化深度访谈，以发现创作者个人的独特经历、体验、情绪与故事。

深度访谈由本书作者主导开展。访员分别来自北京师范大学艺术与传媒学院和清华大学新闻与传播学院，均修读过社会科学方法相关课程，且有相关知识背景。访谈前，作者组织访员们讨论并修改了访谈提纲，进行了关于深访的集中培训，明确访谈重心。访谈从 2019 年 7 月 16 日起，至 7 月 24 日结束。访员通过电话或微信语音进行访谈，并辅以文字聊天，过程中录音并文字记录，最终整理了超过 15 万字的访谈稿。

访谈提纲以开放式问题为主，侧重引导被访者讲述自己成为抖音创作者前后的生活、在职业方面的变化。访谈提纲按由浅入深的逻辑，将抽象问题具体化，从职业变化入手，了解变化背后的原因、变化过程中的经历，进而探求变化对被访者个人的影响。问题围绕创意劳动带来的职业变化、经济条件、生活质量、情感体验以及与粉丝和同行之间的互动这五个维度来设计，引导被访者讲述经历细节以及个人感受。50 位被访者拥有粉丝数从 1.1 万至 231 万不等，基本情况见表 6-1。

表 6-1 接受深度访谈者基本情况

序号	问卷编号	性别	职业	粉丝数	序号	问卷编号	性别	职业	粉丝数
1	207	男	时尚	3 万	19	365	男	教育	75.8 万
2	159	男	时尚	21 万	20	849	男	教育	103 万
3	617	女	时尚	30 万	21	997	男	美食	19.3 万
4	1217	男	时尚	96 万	22	2210	男	美食	11 万
5	434	女	时尚	113 万	23	585	女	美食	25.9 万
6	2016	男	美容	1.1 万	24	506	男	美食	71.2 万
7	1620	女	美容	20 万	25	1746	男	美食	106 万
8	1080	女	美容	28 万	26	507	男	动漫	150 万
9	2290	女	美容	60 万	27	110	男	动漫	16.1 万
10	2260	男	美容	82 万	28	2055	男	动漫	49 万
11	887	女	健康	1.3 万	29	1209	男	动漫	50 万
12	1078	女	健康	21 万	30	1398	男	动漫	98 万
13	374	男	健康	29.7 万	31	8	男	才艺	1.2 万
14	1243	男	健康	66.6 万	32	1028	女	才艺	12 万
15	1918	女	健康	105.4 万	33	1004	男	才艺	43.9 万
16	2333	男	教育	9.1 万	34	61	男	才艺	53.4 万
17	994	女	教育	10.4 万	35	552	男	才艺	157 万
18	1315	男	教育	27 万	36	1713	男	才艺	212 万

续表

序号	问卷编号	性别	职业	粉丝数	序号	问卷编号	性别	职业	粉丝数
37	1396	男	宠物	1.9 万	44	733	男	旅行	30 万
38	1806	男	宠物	10 万	45	1588	男	旅行	52.1 万
39	1726	男	宠物	55 万	46	2184	女	明星	6 万
40	217	男	宠物	177.7 万	47	2228	男	明星	17.9 万
41	697	男	宠物	231 万	48	1293	男	明星	48 万
42	909	男	旅行	1.2 万	49	365	男	明星	75 万
43	74	男	旅行	10.6 万	50	431	女	明星	120 万

深度访谈揭示出不同创意行业集群中短视频劳动的特点、盈利的易难。四个典型的案例故事，能具体说明劳动者从短视频创意劳动中的所得。

时尚集群：粉丝认可有回报

时尚创意集群中的短视频创作者，一般认为自己获得了很高的粉丝认可度，劳动容易变现。大流量的创作者，通过在视频中推销产品、提供产品的广告链接，能获得不菲的收入。一些原本已在线下开展相关业务的创作者，把抖音当作推广产品的新平台，给自己所在的公司带来客流量。一些个人创作者在"时尚"中找到了利基市场，如"路人改造"或"大码穿搭"，并根据市场反应不断调整定位、获得营收。

粉丝认可带给创作者更多自信和更多责任感。有创作者表示"之前特别自卑",但现在变得自信,敢制作出镜讲解类视频。也有创作者花更多时间去学习时尚有关的知识,希望传递给粉丝更准确的知识。她们开始意识到自己的影响力。一位创作者说:"我现在有三十几万粉丝,我说错一句话,就给他们带入歧途了。"

故事一:自信与收入

617号短视频创作者家里做服装生意、自己喜欢穿搭,便开始做穿搭视频。后来因粉丝留言"因为肥胖,在生活中受到排挤,想变得更好看",她第一次萌生了认真运营大码穿搭视频的想法,想向粉丝展示胖女孩也可以很美很漂亮。她说:"**很多胖女孩不敢穿短裤,不敢穿裙子,他们说看我穿裙子,也就敢穿了,我觉得还蛮有成就感的。**"

她的视频深受粉丝喜爱,粉丝也主动为她考虑,希望她能多挣钱,过得更好。有粉丝一步一步、手把手教她如何在视频上提供穿搭衣品的购买链接,又怎么跟卖衣服的商家谈分成。

她之前的工资是3000块钱一个月,做过主播也不挣钱。在抖音粉丝教会她挂链接后,她说"**一个月拿得最多是8万块钱,给我给吓懵了。你知道我长这么大都没拿过那么多钱**"!当视频点赞涨到30万的时候还没有什么感觉,以为"就是有人喜欢我了",但之后打开淘宝联盟,她惊讶地发现账户里有8万。当她去外地旅游时,当地的粉丝会要求和她见面、请她吃饭、赞美她的视频，让她觉得非常开心。"人间还是有真情的，我是这么想的。"

美容集群：种草带货有意思

美容创意集群中的短视频创作者，大部分曾是美容相关从业人员，因发现抖音对本职工作有所促进，才开始在抖音上创作视频。还有一些无业人士，如全职妈妈或学生，因为身边朋友都在玩抖音而开始创作，却意外获得关注和流量，从而开拓出全新的工作机会。

美容类视频容易"种草"，也容易"带货"。创作者们认真经营，希望通过创作涨粉，凭借网上流量获得收入；或增加实体店的客户流量，提升实体店品牌。那些专注于直播卖货、拿品牌佣金和广告付费的创作者，收入颇为丰厚。

如果能得到平台推荐，出爆款热门视频，就有机会赢得大量粉丝。但粉丝数并不能即刻转化为相称的收入。尽管收入不尽如人意，创作者们仍积极花费大量时间来做视频，业余时间都在构思和制作视频、运营账号、与粉丝互动。一位主打眼部护理的创作者，每个月上传视频70多条。因为熬夜做视频，教人护理眼睛的她笑称"自己眼睛都快老花了"。

创作者们积极投身于劳动中，一方面是因为这种劳动能带来工作机会、带来收入、带来自己的成长。一位曾是全职妈妈的创作者说："生活不只是带小孩了。我也从美妆小白变成了美妆达人。"另一方面，抖音创意劳动带来了大量粉丝，与粉丝的密切关系又带来了积极的生活感受。有创作者说:"卖不卖货其实是次要的,有粉丝了,她们还真心喜欢你,就觉得这工作挺有意思的。"因此她们时时考虑粉丝的需求。一位有 50 万以上粉丝的创作者说:"不管是价格上的优惠,还是产品上的性价比,都是需要我带给她们的。"创作者自觉地提升了对自身专业性的要求,不断学习和提高。

健康集群:健身养生重专业

健康创意集群中的短视频创作者,部分来自健身行业,身份是瑜伽教练或体能教练;也有人来自其他职业或者是无业人士,因发布受欢迎的抖音视频而闯出新天地。

健康类创作者们觉得,有规律地发布视频能够监督自己更好地运动,还容易与其他喜欢健身的人交上朋友。他们走在路上常会被人认出,被夸"衣服真好看,哪里买的,也想跟着你学健身"。一些人很快拓展了健身业务客户,很多粉丝加他们微信,买线下或者线上的课程。

创作者们大多认为目前平台上的健身内容良莠不齐,"很多教学很不专业","观众对不准确的内容没有辨识度";因此自己有责任传播正确、专业、实用的专业知识,还会建群分享健身知识。

他们认为跟粉丝互动已经成为自己生活的一部分。一位有 67 万粉丝的创作者(1243 号)说:"会有些人自愿帮我管群,就是因为觉得跟我学到了很多知识,然后愿意为大家服务,还在我的群里帮忙给新手答疑。"

有位创作者生孩子后减肥42斤,其身材前后对比的视频获得了六百万访问。爆款视频带来短时间内的急剧涨粉。但粉丝数量剧增未必能及时带来收入剧增。收入多少取决于是否找到有效变现的方法。用专业内容进行知识答疑的创作者获得的打赏少;而通过高点击量视频带货,基于粉丝的信任,"两天之内赚了十几万"的情况时有发生。

创作者们也都清楚认识到,创作短视频带来的不光是客户,更是自己知名度的提高,专业技术的提升,以及过程中感受的快乐。

故事二:信任与价值

1918号创作者平时"坐轮椅,行动不方便,不方便出去工作",就在家里帮妈妈看店。在抖音上发布自己的复健视频后,她获得了超过50万名喜欢她的粉丝。借助流量,她开始在网上售卖首饰珠宝。在某位客户用一万元买了一个手镯后,她不断接到类似的大单。

她说:"网络骗子很多,但是大家都特别信任我,这是让我特别感动的地方。""以前坐在家里不出去。现在有了更多的信心,更感激生活,更敢出去面对社会,不会像以前那样自闭。也获得更多信息,生活质量更高,自我价值得到很多提升。"

教育集群：科普传播正能量

教育创意集群中的短视频创作者，有不少是相关领域的专业人士。他们初期多以科普、教学、分享知识、助人解惑为主要创作内容，当拥有高点击、高点赞的热门视频后，创作积极性进一步提升，确定垂直领域，投入大量时间精力从事创作。

几位全职妈妈把照顾孩子外的所有时间都用在研究创作上："什么时间发布？内容怎么做？细节怎么处理？"努力带来了回报，包括出售信息的收入、广告收益等。"以前天天看孩子，还是两个孩子……发视频完全改变了我的生活。""原来我在家没有经济来源，没有收入，但是现在不一样了。"

一位公安行业的创作者（2333号），因平时看到有人出口成脏、一句话导致斗殴，或是家里不能及时调节家庭矛盾而最终酿成家庭不和，于是开始制作"正能量"教育视频，希望能让更多人避免处理不好小事而带来的大麻烦。他还曾专门为粉丝定制视频来挽救粉丝的婚姻，他的想法是"能拉别人一把的时候就拉一把。"

此类创作者的工作满意度较高，觉得自己的教学视频切实地帮助了别人，对社会有贡献。

美食集群：教学逛吃是付出

美食创意集群中的短视频创作者，大多专业程度较高，常常是餐饮行业出身，且具有一定专业基础、资源及能力。一位受访者是具有稳定高收入的大厨，拥有十几人的团队，承包了几个饭店；另一位则是大饭店的行政总厨。也有一些年轻的创作者，因热爱美食，出于分享的心态开始在抖音上发布美食相关短视频，随后找到了适合自己的垂直领域。

专业的餐饮从业者们最开始对抖音兴趣不大，因为觉得上面的视频大都专业水平较低；他们后来持续在抖音创作，也不指望通过它赚钱，更多考虑的是付出，是给粉丝带去"真实"和"有用"的制作美食的知识，或希望惠及更多想进入餐饮行业的人，从而体现自我价值。

类似创作者对目前的工作状态满意度均较高，与粉丝的互动沟通带来了个人满足感和成就感，收入反而不是他们首先考虑的因素。

另外，以"探店""逛吃"为定位的美食分享者，为了保证内容丰富、观众喜爱，常常要花更多的钱外出吃饭，笑称有时要"吃出工伤"，也是一种付出。

故事三：助人为乐与自我实现

506 号创作者是一位专业大厨，拥有团队，承包了好几家酒店的餐饮。他在 2019 年春节后才开始在朋友劝说下玩抖音。一开始每天发一条视频，发到第三天，"那个视频一下爆火了"，开始涨粉。有一则美食教学视频点击过千万，一天涨粉 30 万。于是他有了信心，坚持几个月后有了 70 多万粉丝。

关于创作，他考虑的重要因素就是"真实的，对别人有用的",因为"我做美食的,别人看到这个配方之后,回家人家一试做,哇,这个做着好吃,人家还想学,他才会去关注你。"他会在每天中午忙完的十几分钟,制作和发布短视频。

他的粉丝中有厨师、有想开店创业的,会来咨询各种各样的配方,"只要我这边有的,或者我能帮到的,我都会去帮他们,全部都是不收任何费用的……一分钱不收。"原因是他认为,"做餐饮这个行业,不管是做厨师也好,开店创业也好,说实话每一个人都不容易,家里条件都不好。我当时做餐饮的时候,吃的苦也是别人想不到的。我一路走过来,知道不容易,才去帮他们。"

动漫游戏集群:愉快分享宅社交

动漫游戏创意集群中的短视频创作者,更在意的是平台的分享能力。他们不同程度地表示自己做的视频是"正能量"的,包括风格选取上的搞笑逗趣、情感价值上的温暖等。是否能在分享自己喜欢的东西的同时也让粉丝感到愉快,是他们最主要考虑的因素。

这类创作者最显著的变化是视频制作能力的提升和社交圈的丰富。不少创作者靠自学掌握了各种视频制作技术。同时,粉丝成为了他们线上的朋友,从视频选题、创作甚至生活方面,提供种种建议和帮助,使得此类本来具备"宅属性"的创作者极大地拓展了社交关系,"让我的生活变得充实、开心"。但另一方面,因为要投入更多时间从事短视频创作及与粉丝互动,创作者们在家的时间更多了,晚睡晚起也是常态,线下见面的社交因而进一步减少。

这类创作者盈利的手段主要是直播收礼物、做广告、加入团队后的底薪等。但如果创作者并未专注于直播或者直播没人看,就难获得收入。此外,轻松搞笑的短视频更容易在抖音上获得点击,而创作者自认为花费心血、严肃创作的动画作品反而相对难在抖音上获得与付出匹配的关注和收入。

才艺集群:天生我材必有用

才艺创意集群中的短视频创作者,可以细分成很多不同的领域,较为常见的如唱歌、弹琴、绘画、手工等。创作者们由于在某一方面具有特长,便将自己喜爱且擅长的技艺展现出来,或者向粉丝传授,获得大家的喜爱。部分人可以通过直播打赏、广告或商品销售获得收入。

一位18岁的在校大学生(1028号)因发布手绘视频获得了十万粉丝,因此在毕业后选择以抖音创作为业。为了说服家里人,她每天全情投入、努力创作,争取做出足够好的成绩。为了保持隔天发布的频率,她几乎把所有时间都花在做视频上:"我每天只睡五六个小时,有时四五个小时,经常通宵熬夜做抖音。"她的粉丝中很多人自己不会画,但想用手绘作品当作礼物送人,所以找她进行手绘定制。这成为她的主要收入来源。她还在抖音上收获了男朋友。一个在国外读书的男孩请她定制手绘卡片，后来通过网聊发现彼此情投意合，最终走到了一起。

故事四：充实感与人情味

1713 号创作者最初为了给朋友的抖音视频点赞才注册了抖音账号，后来偶尔上传了一段父亲弹钢琴的视频。几小时后朋友打电话过来，他才知道这段视频已经有几十万播放、几万点赞了。无心插柳之后，他继续发布父亲的钢琴视频，赢得了超过 200 万名粉丝。

许多粉丝发私信询问有关钢琴学习的问题，"我想学钢琴，我 × 岁了，还来得及吗？"或者"我小孩几岁开始学比较好？我们买一个什么样的钢琴比较好？"还有"你们在哪里，我们可以上你们家来拜访吗？老师可以教我弹琴吗？"

他觉得和粉丝要相互尊重，"大家都是平等的，人家喜欢你的话，你有什么资格对人家爱搭不理呢"？所以他会"在能力范围之内尽可能多地回复人家"。

因为与粉丝交流很愉快，本来非"古典音乐"不弹的"专业人士"老爷子考虑到粉丝的喜好，也同意弹一些简单的流行音乐上传。年轻人喜爱的曲子常有数十万播放量。

有位粉丝留言请老爷子弹一曲《我们的生活充满阳光》。他解释说，父亲已是癌症晚期，特别喜欢这首歌，他跟他父亲也经常一起看老爷子弹的老歌，问能不能满足这个愿望。老爷子看到后马上说行，现在就弹，用手机搜到谱子，弹了这首歌，立刻发了抖音送给粉丝。

创作者认为，"不光能够带给人家一种美好，还能够满足人家的各种愿望，我觉得真的是特别好。"

对粉丝的付出，收获了粉丝多方面的支持。当粉丝们在淘宝或其他购物网站上看到别人盗取老爷子的视频做广告，就会立刻截图、私信给老爷子，提醒有人侵权。有人盗用这里的视频、去水印后发到公众号里面，粉丝发现后都去留言，说这是××老师的视频，请你把它删掉，你这样子是不对的。

粉丝中有些人由于性格相投，交往得格外密切，给这位创作者"像家人一样的感觉"。他去外地时，会有人主动请吃饭和陪同，细致周到地招待。也有人经常给老爷子寄土特产，一位青海的粉丝还寄来一整头羊。

2018年12月31日老爷子在北京做了一场跨年音乐会，全国各地来了好几百名粉丝，最远的来自新疆。零点的时候，老爷子弹起了罗大佑的《光阴的故事》，全场一起唱，大家都很感动。

宠物集群：家有爱宠随手拍

宠物创意集群中的短视频创作者，大多是因为家中有宠物，随手拍下，与人分享。有些是日常生活片段，例如带狗散步、给狗洗澡、狗狗模仿主人等；有些是有趣的瞬间，例如猫躲在窗帘后面，看到主人突然脱了衣服之后的眼神转换，或是狗听主人指挥，叼来帽子跑到主人身边撒娇的视频，轻易超过千万播放量。

一位拥有大量粉丝的创作者非常重视粉丝,几乎 24 小时在线 / 电话回答粉丝的各类咨询,如第一次养狗怎么准备、第一次给狗接生应该怎么办等。创作者说:"人家信任你、对你热情,你就不能对人家冷漠啊!"粉丝不断增长、大量点赞转发、评论里的夸奖赞美等正向激励,是创作者们愉悦的源泉。粉丝的反馈非常重要,不止一位创作者说过,当自己用心创作的视频没有得到很多点赞 / 转发 / 评论时会感到挫败,他们会认为是抖音的推荐算法优化不够。

宠物类创作者的收入渠道包括:植入广告;直播获得礼物和打赏;宠物繁殖后出售幼崽;售卖宠物零食。

旅行集群:我们一起看世界

旅行创意集群中的短视频创作者,有人具备户外、探险、摄影等专业技能,是相关领域的"大牛";也有一些人并不具备多么专业的技能,只是拍摄日常搞笑和旅游视频、树立"逗比""沙雕"人设、随手旅拍沿途风光、展示少见生活方式……这些都可以成为热门的抖音视频。因为"世界那么大,我想去看看",但不是每个人都有时间、金钱和精力行走天下。于是旅行类短视频便成为人们期待和喜好的对象。

创作者们发现,非常"出乎意料"的是,即兴随手一拍发出来的旅游类视频,往往比自己精心编排和剪辑的视频作品更受喜爱。这或许说明,大家要看的就是那种不经意的"真实"和"原生态"。

第六章 劳有所得：短视频平台上的创意劳动

一名从业十多年的婚纱旅拍摄影师，在抖音上发布视频，展示业务成果。他最热门的一条视频获得了两千多万播放量，带来600多人留言咨询，其中有50人左右最终转化为实际的拍摄业务。

909号创作者原先是种植砂糖橘果树的农民。除了干农活，每天都有时间可以去野外溜达。最开始，他在抖音上面看到别人发的视频，觉得蛮好看，于是在无聊的时候也拍一些视频发抖音："有时候我去山里面挖野蜂，去遛狗玩，随便就拍点视频上去。"没想到很多视频上了热门，他也收获了一万多粉丝。

他结交了很多网上的朋友。很多粉丝加他微信，询问怎样找蜜蜂、养蜜蜂，他有空就回复。也有很多粉丝找他买蜂蜜，他外出只要挖到蜂蜜就能卖掉。"一直到现在，都是挖了多少卖完多少，供不应求的"。粉丝与他的交流也渐渐突破蜂蜜相关议题。好些女粉丝生活过得不如意，找他聊天，他都尽量开导她们，"让她们有一个好的积极的生活状态"。

这位抖音创作者对目前的生活感觉很好："反正农活一个月也就干三五天，剩下的时间每天都可以去钓鱼，去遛狗，去野外玩，去找蜜蜂，感觉时间也很充裕，很不错。"

这类创作者普遍认为自己的生活有了积极的变化。他们养成了随手记录生活的习惯。很多人都在旅行途中独自完成视频制作，包括开车、拍摄、文案、剪辑，都由一人完成。他们还通过观看其他人的抖音视频，学会了一些实用技巧，如汽车改装、越野、做饭等。他们与一些粉丝成为了私下结伴游山玩水的伙伴，丰富了生活经历，还获得了客户资源，得到更多收入。

明星集群：热爱表演跟潮流

从明星模仿秀、发布追星资讯，到制作明星 CP 搞笑视频或是翻唱歌曲，明星创意集群的创作者大多认为自己天性热爱表演，也都表示在粉丝增长期不太考虑收入问题。他们会因为粉丝的回应甚至催更而惊喜，也因遭遇人身攻击或"掉粉"而苦恼。有人认为抖音上的粉丝也挺容易被"带节奏的"，都跟着潮流风向走。

身为艺人的 1293 号拥有 48 万粉丝。在 2019 年初他翻唱了一首歌达到千万浏览、近 200 万点击，自我总结是因为歌曲主题是"呼吁大家没烦恼"，恰好契合春节期间大众心理；同时也反映，自己认真创作的作品，却未必能得到理想流量。

拥有 75 万粉丝的 365 号曾有一条爆款视频浏览量 1.6 亿、530 万赞。他也认为平台上挣钱不容易，因为竞争者太多太强；每天都在想内容，所以运动少、作息不规律、影响身体健康。

短视频 +、获得感与资本

十个创意行业集群，仿佛短视频所构建的赛博空间中的十个最主要的街区。这里，既是短视频创意劳动者们工作的地点，也是短视频用户们生活与休闲的场所。这样的一种网上空间，融合了消费与生产、休闲与工作。

不同行业集群，有各自的内容侧重、风格特色、收入渠道、受众群体、工作状态、劳动价值。集群的力量，在于竞争合作、共生共赢、建构链条、模式创新。这十个行业，在短视频流行之前早已存在。而短视频平台上的创意劳动令它们焕发活力，形成跨地域的集群，创造新的商业模式、开拓新市场。如果说，"互联网+"对于传统行业有融合、促进、赋能的功效，那么从前述研究中，不难看到"短视频+"也存在着类似的积极效应。

短视频的积极意义还包括，让亿万用户在消费者和生产者、受众与创作者之间转化，让每个人都拥有成为创意劳动者的可能性。

对于短视频平台及现象的批判态度和视角是必要的。学界对短视频平台的批评，常聚焦于短视频令观看者沉迷，或是平台及资本对劳动者的剥削与压迫；对创意劳动的批评，常聚焦于它缺乏稳定性、对劳动者福利保障不够，而创意劳动者往往被认为是松散的、消极的、被不公平对待的。这些观点是深刻且有价值的。

但我们对短视频创意劳动者的大规模研究，在实证材料的支撑下，呈现出批判态度之外的另一种看待和理解短视频创意劳动的视角：尽管短视频创意劳动者身处政治经济结构中并时刻受其制约，资本逐利的本质会导致劳动者的结构性困境；但这种劳动，也有积极主动、令人满意的侧面——人们可以从中获得就业机会、经济收入、技能知识、社交关系、情感支持，能感受到自我价值、自我实现与幸福，从而增进获得感。尤其是对就业市场上的弱势群体而言，不稳定的工作仍然好于没有工作。

有意思的是，我们的访谈显示出，现实生活中"资本"较低的创作者更容易在短视频平台上获得令自己满意的经济回报，让人生迎来改变的契机，如无业者，特别是因为生育和育儿而不得不成为家庭主妇的女性。而本来在现实生活中就有自己事业的人则主要在短视频平台上获得了精神回报。

如果用布尔迪厄的"资本"概念来看待短视频创意劳动者的所得，我们可以看到，短视频创意劳动具有提升劳动者的经济资本的能力，即让劳动者通过制作短视频赚钱养家，一旦能够拥有一万以上粉丝，就可以获得较为稳定的收入；短视频创意劳动可以在很大程度上提升劳动者的社会资本（包括人际关系、信任、情感联系），这种社会资本也很容易就能从线上转向线下，给创作者带来实际生活中的好处；在学习制作、优化、传播短视频的过程中，劳动者各方面的文化资本（学习技能、素养）都得到提升，并且多多少少拥有了一定的符号资本（建立个人品牌、提高个人声誉）。

这项研究是以抖音为代表对象的，但需要说明，众多短视频平台各有特色，其内容分发机制、用户群体画像、用户体验和公司运营策略都有差异。一般而言，抖音开屏自动播放、上滑观看下一则的模式，更偏重对内容的算法推荐，易产生爆款内容，一二线城市用户相对较多、口号为"记录美好生活"；而快手的"瀑布流式"首页由用户自主选择点击观看，内容分发算法更偏重社交关系，创作者日常流量更稳定，在三四线城市及农村覆盖率相对更高、口号为"看见每一种生活"。微视的产品形态更接近抖音，而西瓜视频和抖音火山版的产品形态和快手更相似。这些差异，或许会导致不同平台上的劳动也有所不同。

当然，随着短视频行业的高度集中化和竞争白热化，抖音和快手之间曾有的一些差异也在渐渐消失,例如用户性别结构、地域分布、公司运营手段、盈利模式等方面,二者曾有较大区别,但现已日渐趋同。这或许让本研究中的部分结论也更具有推广性了。

参考文献

Caves, R. 2002. *Creative Industries: Contracts between Art and Commerce*. Harvard University Press.
Department for Culture, Media and Sport. 1998. Creative Industries Mapping Document. *Creativity, Culture & Education*, August 12, 2019. Retrieved from *https://www.creativitycultureeducation.org/publication/creative-industries-mapping-document-1998/*
Flew, T. 2011. *The creative industries: Culture and policy*. Sage.
Florida, R. 2002. *The rise of the creative class* (Vol. 9). Basic books.
Hardt, M. 1999. "Affective labor." *Boundary 2* 26(2): 89—100.
Hartley, J. 2005. *Creative industries*. Blackwell Publishing.
Hesmondhalgh, D. 2012. *The Cultural Industries*. Sage.
Howkins, J. 2002. *The creative economy: How people make money from ideas*. Penguin UK.
Lash, S., Lury, C. 2007. *Global Culture Industry: The Mediation of Things*. Polity.
McRobbie, A. 2002. "Clubs to companies: Notes on the decline of political culture in speeded up creative worlds." *Cultural studies* 16(4): 516—531.
Porter, M. E. 1998. "Clusters and the new economics of competition." *Harvard Business Review* 76(6):77—90.

Potts, J., Hartley, J., Banks, J., Burgess, J., Cobcroft, R., Cunningham, S., & Montgomery, L., 2008, "Consumer co-creation and situated creativity." *Industry and Innovation* 15(5): 459—474.

何威、曹书乐、丁妮、冯应谦，2020，《工作、福祉与获得感：短视频平台上的创意劳动者研究》，《新闻与传播研究》第6期。

黄佩、杨丰源，2018，《"弹性"的创意：电子游戏的美术劳动》，《国际新闻界》第5期。

［英］吉登斯，2003，《社会学》，北京：北京大学出版社。

李彩霞、李霞飞，2019，《从"用户"到"数字劳工"：社交媒体用户的传播政治经济学研究》，《现代传播（中国传媒大学学报）》第2期。

孙萍，2018，《知识劳工、身份认同与传播实践：理解中国IT程序员》，《全球传媒学刊》第4期。

孙萍，2019，《"算法逻辑"下的数字劳动：一项对平台经济下外卖送餐员的研究》，《思想战线》第6期。

吴鼎铭，2017，《网络"受众"的劳工化：传播政治经济学视角下网络"受众"的产业地位研究》，《国际新闻界》第6期。

夏冰青，2018，《中国媒介产业中实习生的困境研究：以S和X两家大型互联网公司为例》，《全球传媒学刊》第4期。

姚建华，2018，《零工经济中数字劳工的困境与对策》，《当代传播》第3期。

第七章 网络视频治理(上):阶段与议题

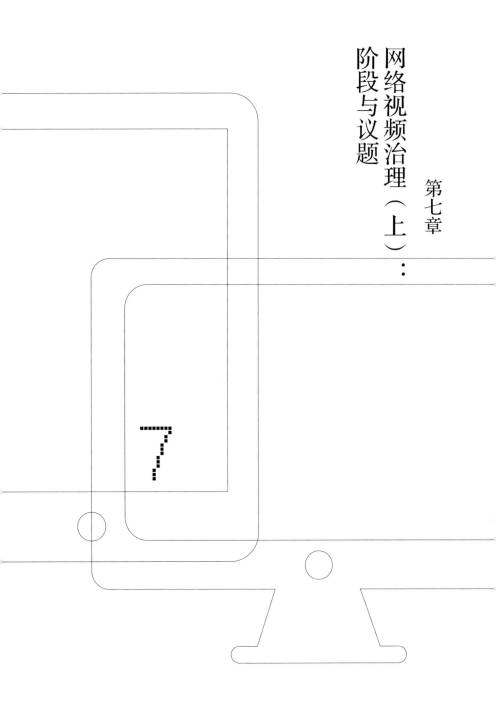

第七章 网络视频治理（上）：阶段与议题

截止到 2020 年 3 月，我国网络视频（含短视频）用户规模达 8.5 亿。① 网络视频行业的迅猛发展，发生在短短十数年间。其中短视频经历了爆炸式增长，在五年内从空白发展到 7.73 亿用户的惊人规模。相对于历史较长、发展平稳的影视等传统媒体，网络视频的出现与崛起，剧烈地改变了中国消费者的视听内容使用行为。

网络视频的管理，也一跃成为中国新时期网络治理的重要内容之一。2018 年是广电影视管理大举改革之年，新的国家广播电视总局和中央广播电视总台相继挂牌成立。大刀阔斧的机构改革进一步明确国家有关部门的职能，各内容领域重新归口管理；不断推出的新政策和新法规，明显呈现出网络视频管理进一步规范化、严格化的趋势，并尤为注重导向。

因此，对网络视频出现以来我国已有的相关政策和治理实践进行梳理，有着很强的现实意义，也有助于我们更好地理解，

---

① 中国互联网络信息中心，2020，《第 45 次中国互联网络发展状况统计报告》，http://www.cac.gov.cn/rootimages/uploadimg/1589535470391296/1589535470391296.pdf。

网络视频治理经历了怎样的发展阶段，聚焦在哪些重要议题上。

中国网络视频治理的五个阶段

中国网络视频从无到有的历程，也伴随着对网络视频治理从宽松到严格、从单头管理到多头协同治理的发展过程。纵观这一历程，根据标志性政策的出台，可以大致分为五个阶段。

第一个阶段，1999年—2002年。重点是确定网络视频管理的制度源头和最重要的管理部门。

1996年国务院发布的《计算机信息网络国际联网管理暂行规定》，确立了国际出入口信道专营制度、联网接入的许可备案制度等，奠定了网络视听管理的制度源头。（赵京文，2018）《规定》中提出"不得制作、查阅、复制和传播妨碍社会治安的信息和淫秽色情等信息"的要求，"治安管理"和"色情内容"此后也成为网络视频内容管理的重要方面。

1999年10月，广电总局出台规范性文件《关于加强通过信息网络向公众传播广播电影电视类节目管理的通告》，这是对当时刚刚兴盛起来的互联网上的影视内容传播的回应。要求"在境内通过包括国际互联网络在内的各种信息网络传播广播电影电视类节目，须报国家广播电影电视总局批准。"这意味着，广电总局是中国网络视频管理最重要的政府部门。

之后广电总局发布的一系列文件，明确对在网上传播广播电影电视节目实行"许可管理"。这个时候，官方主要在鼓励和扶持主流电视台、各大卫视和广播电台将已有的节目放到网上播出,将互联网视为传统节目形态拓展传播渠道的尝试。

第二个阶段,2003年—2006年。重在以IPTV为主要对象的扶持和管理。

广电总局将2003年定为广播影视的"网络发展年",所以这一年成为第二阶段的起点。这时候,已经出现了网络广播、网络电视、IPTV、手机电视、视频网站等新兴业态,互联网与视听内容的结合进一步深化。IPTV以传统广电为业务主导,以网络传播为传播手段,成为一时热门。

第三个阶段,2007年—2012年。重在规定视频网站准入制和规制内容生产播出。

广电总局协同相关部委出台《互联网等信息网络传播视听节目管理办法》《互联网视听节目服务管理规定》等,明确和进一步规范了互联网视听内容的市场准入管理制;要求此前的视频网站必须取得许可证才能上岗,并大力扶持国有媒体加入网络视频业的竞争格局。

广电总局于2008年设立了"网络视听节目管理司",标志着对网络视听节目的管理进一步部门化和规范化。2008年是奥运年,搜狐视频对北京奥运会的转播成为网络视频平台直接转播重大体育赛事的标志性事件,发挥了示范效应和推动作用。

这个阶段,针对新出现的互联网电视业务,还制定了《互联网电视内容服务管理规范》《互联网电视集成业务管理规范》等规范性文件;也开始针对互联网视听节目的具体内容,强化对网络剧、微电影等内容的审核以及审核队伍的建设和节目监播等,发布文件包括《关于进一步加强网络剧、微电影等网络视听节目管理的通知》等。

第四个阶段，2013年—2017年。重点是线上线下统一标准，细化许可证制度和内容审核。

党的十八大以来，视频网站在数量上与日俱增，市场竞争也日趋激烈。广电总局逐步建立起网络视听的内容监督、管理与引导体系，覆盖了视频网站原创内容、引进内容、直播和社交平台上的视频等范围。2016年出台的《专网及定向传播视听节目管理规定》进一步规范准入，要求所有互联网视听节目都必须获得许可证，并加强了许可证审批和持证机构日常管理。

中国网络视听节目服务协会加入治理的队伍，根据《中国网络视听节目服务自律公约》的精神，制定发布了《网络剧、微电影等网络视听节目内容审核通则》，并在此基础上，于2017年修订完善了《网络视听节目内容审核通则》，进一步明确和统一了网络视听节目的内容审核标准，其对象包括网络剧、微电影、网络电影、影视类动画片、纪录片、文艺、娱乐、科技、财经、体育、教育等专业类网络视听节目，以及其他网络原创视听节目。《通则》确立了两大内容审核原则：先审后播和审核到位，审核要素包括政治导向、价值导向和审美导向，具体对象包括情节、画面、台词、歌曲、音效、人物、字幕等。

第五个阶段，2018年至今。特点是网络视频管理全面规范化和严格化。

如前所述，2018年是广电影视管理大举改革之年，新的广电总局和广电总台相继挂牌成立。新政策和新法规不断推出，例如整治天价片酬、打击收视率造假、平台自查清理和数据公开等，网络视频管理规范化、严格化。

自 2020 年 1 月 1 日起，国家互联网信息办公室、文化和旅游部、国家广播电视总局联合发布《网络音视频信息服务管理规定》。该规定共有 19 条，明确网络音视频信息服务提供者应当依法取得法律、行政法规规定的相关资质。应当建立健全用户注册、信息发布审核、信息安全管理等制度。任何组织和个人不得利用网络音视频信息服务以及相关信息技术从事法律法规禁止的活动，侵害他人合法权益。

国家互联网信息办公室有关负责人表示，出台此规定，旨在促进网络音视频信息服务健康有序发展，保护公民、法人和其他组织的合法权益，维护国家安全和公共利益。

至此，伴随着中国网络视频产业发展，其政策管理体系也日趋成熟。

三大类政策：全社会适用、互联网适用和网络视频专用

中国网络视频的生产、传播、管理需遵循各种法律法规、政策规定、管理条例，作者从适用范围的角度，将这些治理依据划分为三大类：全社会适用、互联网适用和网络视频专用。

顾名思义，第一类指的是整个社会领域都需遵循的行为准则，例如不得诽谤他人、不得侵犯知识产权、不得传播有害信息，那么在网络视频领域同样不例外。第二类则是适用于互联网领域的规定和原则。网络视频作为基于互联网软硬件的传播和文化内容，一样要遵守例如网络安全法的相关规定、对计算

机信息系统安全的规定等。第三类则是专为网络视频/互联网视听这一特定领域制定的政策法规条文，与传统影视管理条例相比更具有针对性。

表 7-1　中国网络视频遵循的三大类政策

适用范围	管理议题举例	相应政策法规举例
全社会适用	1. 维护公序良俗	《治安管理处罚法》第二十三条
	2. 保护知识产权	《著作权法》
互联网适用	3. 互联网主权与网络安全	《中华人民共和国计算机信息系统安全保护条例》
	4. 网络举报制度与事后审查	《网络安全法》第十四条、第四十九条
网络视频专用	5. 网络视频行业准入	《互联网视听节目服务管理规定》
	6. 网络视听管理的专门规定	《网络剧、微电影等网络视听节目内容审核通则》

六种管理议题

　　这三大类治理政策所针对的管理议题，常见的有六种。下文依次分析这六种管理议题，并尝试揭示，政府规制的着力点如何从单一走向多元，多部门的参与如何从混乱走向协作，而这些规制又如何极大地影响了中国网络视频行业，并形塑其如今的面貌。

维护公序良俗

网络视频的数量每秒钟都在飞速增长,但视频内容质量却良莠不齐。由互联网内容提供者制作的、打着色情或暴力的"擦边球"、在法律或伦理的边缘"疯狂试探"的各种视频节目,一边吸引着注意力与点击量,一边因为引发观众不适或反感而备受批评。参与性与互动性极强的网络直播和短视频,则因海量创作者而带来管理的巨大挑战,"不适当"的视频内容更加难以禁绝。

2000年《全国人民代表大会常务委员会关于维护互联网安全的决定》中已明确"虚假商业宣传、损害声誉、侵犯知识产权、传播虚假信息、传播淫秽色情内容"为违法犯罪行为,将被追究刑事责任。

2004年9月公布的《最高人民法院、最高人民检察院关于办理利用互联网、移动通讯终端、声讯台制作、复制、出版、贩卖、传播淫秽电子信息刑事案件具体应用法律若干问题的解释》(法释〔2004〕11号),以法律解释的形式明确规定:"以牟利为目的,利用互联网、移动通讯终端制作、复制、出版、贩卖、传播淫秽电子信息,具有下列情形之一的,依照刑法第三百六十三条第一款的规定,以制作、复制、出版、贩卖、传播淫秽物品牟利罪定罪处罚。"

相关典型案例可见"快播公司传播淫秽物品牟利案"。2014年4月,据群众举报,北京市公安部门对深圳快播科技有限公司(以下简称快播公司)网上传播淫秽色情信息一案进行立案调查。5月30日，北京市海淀区检察院以涉嫌传播淫秽物品牟利罪批准逮捕快播公司CEO王欣，王欣潜逃。公安部次日发布红色通缉令，8月8日，王欣逃往境外110天后被捕。

法院一审判决判定，快播公司及王欣等被告人明知快播网络服务系统被用于传播淫秽视频，但是出于扩大经营、非法牟利目的，拒不履行阻止义务，放任快播公司网络服务系统用于传播大量淫秽视频，具有明显的社会危害性和刑事违法性，应当对其追究刑事责任。（陈兴良，2017）

另一案例为2018年5月，"暴走漫画"被批评发布了一段含有"戏谑侮辱董存瑞烈士和叶挺烈士"内容的短视频。随后北京市网信办、市新闻出版广电局、市公安局、市文化市场行政执法总队联合约谈有关网站，责令网站严格贯彻落实《中华人民共和国英雄烈士保护法》，采取有效措施坚决抵制网上歪曲、丑化、侮辱英烈形象的违法违规行为，包括全面清理涉及歪曲、丑化、亵渎、否定英雄烈士的文字、图片、视频、账号等。[①]"今日头条"下架了"暴走漫画"头条号的全部视频，并对其账号进行了封禁处理。知乎、新浪微博、优酷、爱奇艺等平台相继宣布封禁"暴走漫画"。各大视频平台下架"暴走漫画"的全部视频。"暴走漫画"的官网和"暴走日报"的网站同样被无限期关停。

2018年6月18日，《人民日报》就"有关部门约谈短视频

[①] 网信北京，2018年5月17日，《北京网信办等责令网站全面清理侮辱英烈违法违规信息》，http://tech.sina.com.cn/i/2018-05-17/doc-iharvfhu8111837.shtml。

平台负责人"事件发表评论:"技术更新拓展的新空间不应是道德和法律难以覆盖的价值'飞地',而是传递正能量的重要媒介。如何放大优势、规避风险,不仅是网络平台企业的必答题,也是社会治理的思考题。"①

2019年12月,国家互联网信息办公室室务会议审议通过了《网络信息内容生态治理规定》。其中第七条规定,"网络信息内容生产者应当采取措施,防范和抵制制作、复制、发布含有下列内容的不良信息"。"不良信息"包括了"展现血腥、惊悚、残忍等致人身心不适的""可能引发未成年人模仿不安全行为和违反社会公德行为、诱导未成年人不良嗜好等的""其他对网络生态造成不良影响的内容"。②

知识产权保护

知识产权也是中国网络视频管理重点之一。在网络视频行业发展之初,不论是网民们自发上传各种有侵权嫌疑的影视与音乐作品或片段,还是各家视频网站上传后供其用户观看或下载的未经授权内容,都是知识产权受侵害的"重灾区"。

随着网络视频行业趋向成熟,从主管部门到网站再到用户,版权意识越来越强。事实上,相关法律法规早已出现。2000年,《全国人大常委会关于维护互联网安全的决定》中,在第三条

---

① 人民日报,2018年6月18日,《新空间不应是价值"飞地"》,https://media.weibo.cn/article?id=2309404252185885035200。
② 中国网信网,2019年12月20日,《网络信息内容生态治理规定》,http://www.cac.gov.cn/2019-12/20/c_1578375159509309.htm。

明确提出将对"利用互联网侵犯他人知识产权"的行为进行追究,把对知识产权的保护延展到互联网空间。2005年4月,国家版权局、信息产业部更是联合颁布《互联网著作权行政保护办法》,规定"互联网信息服务活动中直接提供互联网内容的行为,适用著作权法。"而从 2005 年开始,国家版权局、公安部、工信部、新闻出版总署等多部门,十余年来持续组织"剑网行动",以行政手段落实法律条文,其中的执法重点之一就是打击网络盗版。

在越发严格的规制下,视频网站只有改变运营模式、不断加强自律,才有可能有机会投入市场竞争并从中获利。视频网站比过去更为严格地遵照政策规定,不时删除盗版内容,也投入大量成本购买版权内容,积极配合政府行动,自发进行版权管理和版权合作,转型成为正版视频提供者。

网络视频行业也在此过程中重新洗牌。大量无法获得许可证和无力承担高昂版权购买费用的视频网站退出了这个行业。而拥有雄厚资本的新玩家则趁此机会进入了视频行业。目前牢牢占据视频网站第一梯队的腾讯视频和爱奇艺,都是在我国加强对视频网站上的知识产权的保护后兴起的。

而这些已占据领军地位的头部视频网站,业已建立起高耸的版权壁垒,成为网络视频版权的既得利益者和主动维护者。典型案例如 2013 年 11 月,腾讯视频、搜狐视频、乐视网等数十家视频网站和版权方,对快播等公司提起了法律诉讼,原因是快播在未经许可的情况下,在互联网上向公众传播《北京爱情故事》等电视剧和综艺节目。深圳市市场监督管理局于 2014

年 5 月对快播开出了 2.6 亿元的高额罚款。快播申请行政复议，后来又多次上诉到广东省高院。最终在 2018 年 12 月底广东省高院宣布该案二审判决，驳回了快播公司上诉，维持原判。本已涉嫌传播淫秽视频、创始人陷身囹圄的快播，再经此风波，从此一蹶不振。

当然，网络视频版权管理实践中还不断涌现新的问题。例如，法律法规应该如何应对"字幕组"、"网盘资源分享"等问题？如何看待利用版权节目的同人创作和 UGC 作品？被侵权人运用法律维权时，能否负担高额的诉讼成本，又能否挽回其损失？许多问题亟待各方共同努力去面对和解决。

互联网主权与网络安全

随着人类进入信息社会，网络空间成为了人类的生存空间之一。在法理上，国家主权也从原来的领陆、领空、领水等领域拓展到了网络空间，形成了基于国家主权的"领网权"。自国内开始互联网建设以来，基本以"领网权是国家主权在网络空间的继承和延伸"为互联网立法及政策规范原则；并力求将这一新的领域纳入国际法的适用范围，谋求"领网权"的法律地位得到国际社会的认可。（王春晖，2016）

1994 年 2 月 18 日生效的《中华人民共和国计算机信息系统安全保护条例》（国务院令第 147 号），是我国可追溯的第一个互联网规制政策。政策由国务院颁发，确定并凸显了我国互联网治理的重要议题：网络安全问题。

1997 年 12 月 30 日公安部颁发《计算机信息网络国际联网

安全保护管理办法》（公安部令第 33 号）。其中第五条成为后来几乎所有网络内容管理的基本原则，当然也适用于网络视频：

"第五条　任何单位和个人不得利用国际互联网制作、复制、查阅和传播下列信息：

（一）煽动抗拒、破坏宪法和法律、行政法规实施的；

（二）煽动颠覆国家政权，推翻社会主义制度的；

（三）煽动分裂国家、破坏国家统一的；

（四）煽动民族仇恨、民族歧视，破坏民族团结的；

（五）捏造或者歪曲事实，散布谣言，扰乱社会秩序的；

（六）宣扬封建迷信、淫秽、色情、赌博、暴力、凶杀、恐怖，教唆犯罪的；

（七）公然侮辱他人或者捏造事实诽谤他人的；

（八）损害国家机关信誉的；

（九）其他违反宪法和法律、行政法规的。"

这一政策规定，最早划下了我国法律意义上的"网络信息禁区"，也适用于网络视频的管理。

2000 年 12 月 28 日第九届全国人民代表大会常务委员会第十九次会议通过《全国人民代表大会常务委员会关于维护互联网安全的决定》，这是最高国家权力机关对互联网安全问题进行的法律规定。可见在中国互联网的成长期，我国已经将互联网安全问题提升为互联网治理的核心议题之一。围绕这一议题，立法机关制定了针对不同问题的具体法律，或由不同政府部门分别出台其所辖领域的政策规定。

2017 年，《网络安全法》正式开始实施，这是中国互联网安全问题治理的新的里程碑。在国际互联网竞争的新形势下，我国以法律的形式"确立了网络安全的基本原则，提出制定网络安全战略，明确网络空间治理目标"（腾讯研究院，2018）。这也意味着包括网络视频在内的互联网信息管理，走向了真正的制度化、法治化。

国家网信办官方网站引用了北京邮电大学互联网治理与法律研究中心专家谢永江对于《网络安全法》的解读，其中提出了《网络安全法》的三大基本原则：网络空间主权原则、网络安全与信息化发展并重原则、共同治理原则。其中，"共同治理"原则明确了网络空间治理不仅仅是政府部门的职责，"需要政府、企业、社会组织、技术社群和公民等网络利益相关者的共同参与"。（谢永江，2016）

同时，网络安全不仅仅只在国家层面体现，个人用户的网络安全，包括个人隐私保护、用户数据安全等，都是网络安全所关注的议题。《中华人民共和国网络安全法》第四十一条明确规定："网络运营者收集、使用个人信息，应当遵循合法、正当、必要的原则，公开收集、使用规则，明示收集、使用信息的目的、方式和范围，并经被收集者同意。网络运营者不得收集与其提供的服务无关的个人信息，不得违反法律、行政法规的规定和双方的约定收集、使用个人信息，并应当依照法律、行政法规的规定和与用户的约定，处理其保存的个人信息。"随着无所不在的监控设备、人人离不开的智能手机和日益普及的大数据技术，公众也更加关注个人隐私和数据安全的问题。

网络举报制度与事后审查

除了国家法律、政府管理部门的规章制度、行业规范和企业平台自主规则外，观众或者说用户，同样参与了网络视频的管理规制。其中，举报制度是普通用户介入网络视频规制的重要手段之一。

《网络安全法》第十四条、第四十九条分别明确了这一制度的存在：

"任何个人和组织有权对危害网络安全的行为向网信、电信、公安等部门举报。收到举报的部门应当及时依法作出处理；不属于本部门职责的，应当及时移送有权处理的部门。有关部门应当对举报人的相关信息予以保密，保护举报人的合法权益。"

"网络运营者应当建立网络信息安全投诉、举报制度，公布投诉、举报方式等信息，及时受理并处理有关网络信息安全的投诉和举报。网络运营者对网信部门和有关部门依法实施的监督检查，应当予以配合。"

理论上，这一制度给普通观众赋权，加强了他们在网络视频行业治理中的影响力。但实际上，这一制度的执行实践并不透明，也缺乏一种一致性。

2014年年底在湖南卫视播出的《武媚娘传奇》遭遇举报而停播整改，是传统影视行业规制的典型案例。电视台方面公布的停播原因是"技术问题"；但在电视剧作品复播后，观众们却发现原剧演员的裸露"尺度"明显发生了改变，如一些穿着戏服露出乳沟的镜头，复播后被剪辑到只剩下演员的胸口以上部位。业内传言，该剧"暴露"镜头太多而遭遇了群众举报，此后才有停播重新剪辑修改再复播的情况。

在网络视频行业，时有整部作品下架删减后再上架的案例。如乐视网自制网剧《太子妃升职记》在网上迅速走红后，播出快要结束时就遭遇了"下架整改"。虽然很快又恢复播放，但有些"卖点情节"已遭遇删减。其他案例中，遭遇举报而下架整改的，包括色情暴力镜头、"劣迹艺人"镜头、价值观和意识形态问题等。

但是，当时与《太子妃升职记》同类型题材、类似风格或拍摄质量水平接近的其他网络剧，却因为关注度较小而"逃过一劫"。针对这类案例，如果没有政府管理部门的明示，观察者其实很难定论，这到底属于被相关部门注意而进入"事后审查"程序，还是遭遇群众举报因此被下架整改？

新近发生的一些案例还显示，当观众以粉丝的集体身份联合到一起时，往往能以举报的方式对视频网站内容产生影响。2020年2月起，某艺人粉丝举报B站相关视频的事件就是这样的案例。从事件发展状况来看，粉丝的举报行为事实上影响了B站上一些视频的生产和传播，又因利益受损者众多而形成了反作用力。从关于网络内容的举报和规制开始，政府、平台、用户和粉丝多方面都牵涉其中，产生了复杂的社会文化后果。用户在网络视频规制中的力量，以及多元利益攸关方的休戚相关，在此案例中可见一斑。

网络视频行业准入制

根据国内众多视频网站所公示的许可和准入文件,本研究结合相关法律法规进行了整理。根据视频网站业务的不同,中国视频网站需要具备的许可证明和准入条件如下表所示。

表7-2 网络视频行业准入制(本研究整理)

视频网站涉及业务	许可证明和准入条件	管理机构
基本许可证明和准入条件	网络文化经营许可证	文化部、地方文化局
	信息网络传播视听节目许可证	国家新闻出版广电总局、地方新闻出版广电局
	网络出版服务许可证 出版物经营许可证	地方新闻出版广电局
	营业执照 经营性网站备案信息	地方工商行政部门
	互联网ICP备案	工业和信息化部
	全国公安机关互联网安全管理服务平台的互联网站备案	地方公安机关
	行业协会的准入	中国互联网协会、中国互联网诚信联盟
	接收互联网违法和不良信息举报制度的监督、管理	国家互联网信息办公室下辖中国互联网违法和不良信息举报中心
依靠广告盈利或实行收费会员制度,向上网用户有偿提供信息的视频	增值电信业务经营许可证	工业和信息化部

续表

视频网站涉及业务	许可证明和准入条件	管理机构
有自制原创视频业务的视频网站	广播电视节目制作经营许可证	地方新闻出版广电局
有提供互联网新闻信息服务的视频网站	互联网新闻信息服务许可证	国务院新闻办公室、国家网信办
涉及食品、药品、医疗保健相关音视频及广告传播的视频网站	互联网药品信息服务资格证书	食品药品监督管理部门
	互联网医疗保健信息服务审核同意书	国家、地方卫生和计划生育委员会
涉及境外影视剧内容提供服务的视频网站	电影片公映许可证 电视剧发行许可证	新闻出版广电部门
	必须取得著作权人授予的信息网络传播权。	著作权人
	单个网站年度引进播出境外影视剧的总量,不得超过该网站上一年度购买播出国产影视剧总量的30%。	新闻出版广电部门
	先审后播制	新闻出版广电部门
	"网上境外影视剧引进信息统一登记平台"统一登记制度	省级广电部门初核后,向总局申报;总局审核后登记发布。

在以上准入证明中,对于提供原创视频内容服务的网站来说,最为重要的是"广播电视节目制作经营许可证"。当下,国家或地方广电部门严格规制该许可证的签发、审核和吊销流程。新闻出版广电总局发展研究中心编辑部副主任彭锦曾在媒体采

访中透露:"由于有些平台违法违规,三年有效期之后需要申请延期时就可能判定不合格,所以这个证的数量现在一直在减少(2017年底,持证单位从640家减少到了586家)。"①

网络视听管理的专门规定

2003年国家广播电影电视总局局务会议通过了《互联网等信息网络传播视听节目管理办法》,开始实施针对互联网视听节目的专项管理;该《办法》在2004年经历修订。

2007年12月《互联网视听节目服务管理规定》经国家广播电影电视总局、中华人民共和国信息产业部审议通过并发布,自2008年1月31日起施行。

2012年中国网络视听节目服务协会根据《中国网络视听节目服务自律公约》的精神制定发布了《网络剧、微电影等网络视听节目内容审核通则》。

2016年国家新闻出版广电总局颁布的《专网及定向传播视听节目服务管理办法》,扩大了视听节目的管理范围——"本规定所称专网及定向传播视听节目服务,是指以电视机、各类手持电子设备等为接收终端,通过局域网络及利用互联网架设虚拟专网或者以互联网等信息网络为定向传输通道,向公众定向提供广播电视节目等视听节目服务活动,包括交互式网络电视",并废止了2004年修订的《办法》。

---

① 《短视频如何破局、网综如何发展?总局透露网络视听三大管理趋势》,https://mp.weixin.qq.com/s/Je9V0iggLr0s71-mBoNLLQ。

2016 年 2 月全国电视剧行业年会上，国家新闻出版广电总局电视剧司司长的主题报告中指出："随着互联网发展的突飞猛进，国家新闻出版广电总局将加强管理网剧和网络自制节目。"这次报告其实透露了网络剧审查要"线上线下统一标准"的思想。此后也明确了，网络视听节目的管理应当参照广电总局《电影管理条例》和《广播电视管理条例》的规定。

2017 年 6 月 1 日，广电总局发布《关于进一步加强网络视听节目创作播出管理的通知》。《通知》强调："网络视听节目要坚持与广播电视节目同一标准、同一尺度，把好政治关、价值关、审美关，实行统筹管理。未通过审查的电视剧、电影，不得作为网络剧、网络电影上网播出。"

同月，中国网络视听节目服务协会在 2012 年《通则》基础上修订并通过了《网络视听节目内容审核通则》，正式确定了网络视听节目的两大内容审核原则：先审后播和审核到位；并且列出了详细的 8 条完全禁止内容，以及 10 条须裁剪、删除的内容。这意味着网络视听节目的管理进一步加强与细化、明确化。

自 2020 年 1 月 1 日起，开始施行由国家互联网信息办公室、文化和旅游部、国家广播电视总局联合发布的《网络音视频信息服务管理规定》。该《规定》明确，网络音视频信息服务提供者应当依法取得法律、行政法规规定的相关资质；应当建立健全用户注册、信息发布审核、信息安全管理等制度。任何组织和个人不得利用网络音视频信息服务以及相关信息技术从事法律法规禁止的活动，侵害他人合法权益。

值得注意的是，该《规定》对于新兴技术采取了积极的回应。一方面，该《规定》有针对性地指出了一些应对举措，如：网络音视频信息服务提供者基于新技术新应用上线具有媒体属性或者社会动员功能的音视频信息服务，或者调整增设相关功能的，应当按照国家有关规定开展安全评估；网络音视频信息服务提供者和网络音视频信息服务使用者利用基于深度学习、虚拟现实等的新技术新应用制作、发布、传播非真实音视频信息的，应当以显著方式予以标识，不得利用基于深度学习、虚拟现实等的新技术新应用制作、发布、传播虚假新闻信息。

另一方面，该《规定》也指出应积极采纳部署新兴技术来帮助管理，如：网络音视频信息服务提供者应当部署应用违法违规音视频以及非真实音视频鉴别技术，发现音视频信息服务使用者制作、发布、传播法律法规禁止的信息内容的，应当依法依约停止传输该信息，采取消除等处置措施。

该《规定》还明确了如果违反此规定，则按照《中华人民共和国网络安全法》《互联网信息服务管理办法》《互联网新闻信息服务管理规定》《互联网文化管理暂行规定》《互联网视听节目服务管理规定》等相关法律法规规定处理；构成违反治安管理行为的，依法给予治安管理处罚；构成犯罪的，依法追究刑事责任。

以上，是我国网络视频规制的法律法规及政策最关注的六种管理议题。在可预见的未来，相关政策法规或许还会随着互联网及网络视频产业的发展，而被不断补充修订；但是其管理议题，基本不会脱离以上六个类别。

参考文献

陈兴良，2017，《快播案一审判决的刑法教义学评判》，《中外法学》第1期。

腾讯研究院，2018，《2017全球互联网法律与政策十大热点》，https://plus.tencent.com/detailnews/871。

王春晖，2016，《互联网治理四项原则基于国际法理应成全球准则——"领网权"是国家主权在网络空间的继承与延伸》，《南京邮电大学学报（自然科学版）》第1期。

谢永江，2016，《〈网络安全法〉解读》，中华人民共和国国家互联网信息办公室，www.cac.gov.cn/2016-11/07/c_1119866583.htm。

赵京文，2018，《以综合治理引领行业行稳致远：中国网络视听规制的历程与经验分析》，《传媒》第24期。

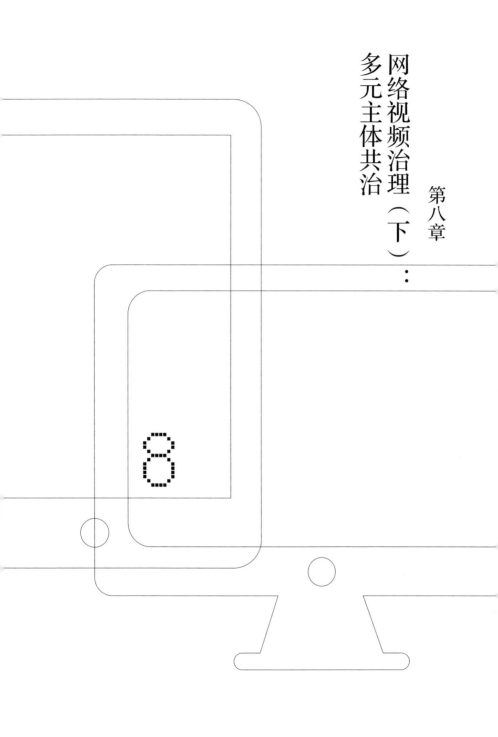

第八章 网络视频治理（下）：多元主体共治

第八章 网络视频治理(下):多元主体共治

"互联网治理"(Internet Governance)的概念起源于互联网诞生的年代。有研究者按互联网发展的过程,将互联网治理分成四个阶段:军事和政治主导的建设期、教育和科技主导的推动期、商业逻辑驱动的普及期和社会发展中的治理阶段(章晓英、苗伟山,2015)。在四个阶段的治理模式发展中,"治理"的含义逐渐从"统治"走向"多元主体协商"。

多利益攸关方治理(Multi-stakeholder Governance)是指将多个利益攸关方聚集在一起,共同参与对话、决策和执行对共有问题的应对措施的治理。这种结构背后的原则是,如果参与某一问题的多种类型的行动者投入足够多,最终达成的共识决定,就会比传统的基于政府的应对措施更具合法/合理性,并能得到更有效的执行。多利益攸关方治理既可以发生在国际层面,也可以发生在国内层面。

所谓利益攸关方指的是来自不同社会、政治、经济领域的行动者的集合,他们有意共同治理一个特定的社会、经济或政策领域。行动者的范围可以包括政府、国企、跨国公司、私有企业、民间社会机构、专家学者、媒体和其他机构团体。

互联网治理现在正处于多利益攸关方参与治理的第四阶段。

2005年时任联合国秘书长安南成立的"互联网治理工作小组"给出了互联网治理的"工作定义":"互联网治理是政府、私营部门和民间社会根据各自的作用制定和实施旨在规范互联网发展和使用的共同原则、准则、规则、决策程序和方案。"

但在多利益攸关方参与的背景下,各方的"平等性"和"包容性"并非必然;利益攸关方之间也存在着关系互动和权力分配。网络中的物质和非物质资源在分配中存在不均匀的情况,每个利益攸关方在网络中的影响、信息、资金、能力等方面存在差异(宋迎法、张群,2018)。

本章采纳这一框架分析中国网络视频的治理。为了便于叙述,作者将网络视频治理中多利益攸关方称作"行为主体",首先分析网络视频治理中究竟有哪些行为主体,行为主体之间有什么关系,以及行为主体之间的治理权力的分配:权力是集中于一个主导行为主体,还是多个行为主体的集合。然后在对现有问题分析的基础上,提出"多元主体共治"的概念和理想。

中国网络视频治理中的行为主体

梳理历年来中国网络视频规制事件和政策规定的基础上,本研究发现,中国网络视频管理治理中共有4组主要的行为主体:

(1)政府主管部门:包括公安部、网信办、信息产业部、新闻出版总署、国家广电总局、文化部、国家版权局等。
(2)网络视频服务提供商:包括腾讯视频、爱奇艺、优酷、bilibili、芒果TV、抖音、快手、斗鱼等。

（3）行业协会：中国网络视听节目服务协会等。

（4）观众/用户：使用网络视频服务的网络用户。

"多头管理"的政府主管部门

多个政府主管部门参与进网络视频的治理，呈现出明显的"多头管理"的格局。而这个特点的形成内嵌于我国网络视频行业的生长发展史中。

视频或视听内容能在互联网上传播并成为一种现象与文化，首先受制于技术条件，包括 CPU、内存和显卡等电脑硬件的速度和容量，以及互联网带宽的水平。所以网络视频传播的普及，要远远晚于以文字和图片为信息载体的门户网站或论坛。当技术瓶颈被突破，高清晰度的视频能在互联网上流畅下载和播放时，此前早已存在、适用于全社会以及适用于互联网全网的法律法规，也被拓展并应用到对网络视频的规制上。

公安部是最早开始治理网络视频领域的政府主管部门。它在"互联网主权和网络安全"的管理议题领域发挥重要作用。网络视频中如果存在宣扬迷信、色情或暴力、侵犯公民隐私、破坏民族团结等问题，也都在公安部的规制范围内。

自 2005 年起，公安部会同国家版权局、工信部等部门，十余年来连续组织规模不一的"剑网行动"，以行政手段落实有关法律规定，规制重点包括打击网络盗版、清理网上淫秽色情内容、打击网络诈骗等。

除了公安部、工信部和国家版权局，另外还有几个重要的部委在网络视频的治理中扮演了重要角色。

2002年，中华人民共和国新闻出版总署、信息产业部发布《互联网出版管理暂行规定》，将"互联网出版"界定为："互联网信息服务提供者将自己创作或他人创作的作品经过选择和编辑加工，登载在互联网上或者通过互联网发送到用户端，供公众浏览、阅读、使用或者下载的在线传播行为。"照此定义，网络视频亦属于"互联网出版"行为，需要接受这一规定中的"行政审批与监督管理"。

2003年，国家广播电影电视总局局务会议通过了《互联网等信息网络传播视听节目管理办法》，第二条中写明该办法"适用于在互联网等信息网络中开办各种视听节目栏目，播放（含点播）影视作品和视音频新闻，转播、直播广播电视节目及以视听节目形式转播、直播体育比赛、文艺演出等各类活动"，并直接针对开办视听节目网络传播业务的机构，在准入、许可证、年检、审查、禁止事项方面做出了十分具体的规定。该《办法》在2004年经历修订，最终在2016年因被新的管理法规代替而废止。

同年，文化部亦发布了《互联网文化管理暂行规定》（并于2004年修订）。该《规定》则将网络视频纳入"互联网文化产品"的概念范围。《规定》第二条阐明，"互联网文化产品"主要包括："（一）专门为互联网传播而生产的网络音像（含VOD、DV等）、网络游戏、网络演出剧（节）目、网络艺术品、网络动漫画（含FLASH等）等互联网文化产品；（二）将音像制品、游戏产品、演出剧（节）目、艺术品和动漫画等文化产品以一定的技术手段制作、复制到互联网上传播的互联网文化产品。"

这个概念既涵盖了后来在互联网平台上兴盛的版权影像内容，也涵盖了网民自行创作并上传的影像内容（即 UGC），乃至互联网平台投资和委托制作的影像内容（即 PGC），颇具前瞻性。

以上这些法规政策的相继出现，一方面显示出网络视频的传播和观看已变成全社会关注的现象，并涌现出新的问题，另一方面也显示出多个主管部门对互联网上的新现象有着及时的应对。这个时候，多部门介入管制的格局已初步形成。

网络视频产业真正汇聚起大量资本、内容与受众，呈现出兴盛的面貌只有十来年。起初，用户自发生产和上传的视频内容和盗版影视的传播，是国内视频网站的主流。用户深受免费、开源、利他等互联网精神的影响，版权意识淡薄。面对此现象，国家广播电影电视总局开始发力、连续出击。

2007 年 12 月，国家广播电影电视总局和信息产业部联合颁布《互联网视听节目服务管理规定》，除了强调视频公司需要获得许可证外，还要求每个播放的视频节目都拥有许可证。

2009 年，国家广播电影电视总局规定未取得"电视剧发行许可证"的境内外电视剧和类似许可证的境内外动画片一律不许在线播放。

2010 年多部门联合启动的大规模"剑网行动"，在全网开展打击网络侵权盗版专项治理。这次行动的目的包括探索"先授权、后传播"的作品传播秩序，关闭一批盗版网站，提升打击网络侵权盗版的能力等等。

2018 年，国务院机构改革方案提出组建国家广播电视总局，互联网视听节目的管理和审查归口到新总局的职能下。新总局成立后，对依托互联网平台播放的网络大电影、网综和网剧进行了治理，对违规节目进行下架整改，要求全平台自查自纠，并对刚兴起的网络直播中的低俗内容进行了打击和治理。9月11日，《国家广播电视总局职能配置、内设机构和人员编制规定》的通告中，明确了总局内设"网络视听节目管理司"，职责为"指导网络视听节目服务的发展和宣传。对信息网络和公共载体传播的视听节目进行管理，审查其内容和质量，承担节目应急处置工作。指导网络视听节目管理体系建设，组织查处非法开展网络视听节目服务行为。"这标志着网络视频管理在建制上迈出了重要一步。

综上所述，在对网络视频进行治理的过程中，包括公安部、信息产业部、新闻出版总署、国家广电总局、文化部、国家版权局在内的多个政府部门都成为了治理的主体；治理所依据的法规政策，从适用于全社会的到适用于互联网的，再发展到专门针对网络视频而制定的，经历了从泛到专的过程；治理的对象则同时包括网络视频平台、上传与观看视频的用户；治理的具体领域主要集中在网络安全、准入制、内容审查、版权保护和事后举报制等。在此过程中，前广电总局扮演着越来越关键的角色，直至近期其相关职能转移到"新总局"的网络视听节目管理司治下。

形态多元的网络视频服务提供商

在网络视频治理体系的多元主体之中，相较于作为管理者的政府、作为内容生产者／使用者和自我管理者的用户而言，作为服务提供者的网络视频平台起着联通各方的作用,是管理体系中的抓手和关键点。

我国网络视频服务提供商变化迅速、形态多元。视频分享网站的先行者是土豆、优酷、我乐、酷6、六间房、激动网等。其中酷6网是中国第一家获得广电总局颁发视频牌照的视频网站,也是中国第一家独立上市的视频网站。该网站如今虽然还存在,但事实上已经退出网络视频行业的前沿竞争。这些网站当时主打UGC长视频。在发展的初期,平台的理念和运作都围绕作为内容生产者的用户。用户上传视频是否涉及侵权,或者个人的创作与评论是否侵犯他人的名誉和隐私等,是当时比较重要的管理议题。

随着版权意识的苏醒、国家相关部门对版权监管的重视和要求日趋严格,网络视频网站也被迫转型,从UGC长视频内容生产模式为主,变为以版权购买模式为主。版权监管和准入制严格化后,行业内只剩下能获得资本青睐、撑得住版权内容购买的视频网站,如优酷、土豆、搜狐视频等。土豆网也在2008年宣布暂时放弃UGC领域。而新成立的爱奇艺、借壳的乐视、有雄厚资金和海量用户资源的腾讯视频,都成为此领域的后来居上者。

2009年创建的B站此后逐渐发展成为中国最知名的、与ACG相关的弹幕视频分享网站和二次元文化社区。B站承袭了UGC长视频的传统,也在监管上遇到了很多问题和挑战,特别是视频内容方面的问题。

随着网络视频新业态的不断变动,快手、抖音这样的UGC

短视频平台，火山这样的视频直播平台，甚至是纳入了视频功能的社交媒体如微博，都成为了新的网络视频服务提供商。

上述的所有网络视频平台都肩负着重要的自我管理职能，包括根据上级审查要求和各项法律法规，对平台上的节目进行事先审查。据本研究走访调研的结果，目前电影/电视剧、直播和用户生产视频，归口不同的审查部门。影视剧和传统电影电视的审查标准日益趋同，线上线下接近；而大量实时的直播内容主要靠人工智能进行判断和过滤，辅以工作人员的最终判断；而用户生产的大量短视频靠年轻员工或外包劳力来做内容审查，特别是弹幕。

网络视频平台需要响应上级政府主管部门的要求。如2018年4月开始，几大平台对自己平台上的网络电影进行了自查清理活动，清理第三方上传的非法节目，用技术手段遏制违规内容的二次上传，以及下架含有不良内容的网络电影。

另一方面，网络视频平台也需要对用户进行监管。例如2017年6月，B站在八周年之际，发布公告要求今后UP主投稿要通过实名认证。国内UP主可绑定手机号码，海外UP主则需要上传有效的身份证件进行验证（如护照、通行证、居住证等）。B站其他举措还有"注册用户必须绑定手机才能发弹幕进行评论"，以及B站游戏领域实施的实名认证要求。

该举措背后的根据是2017年6月1日起正式施行的《中华人民共和国网络安全法》，它规定，网络运营者为用户提供信息发布、即时通讯等服务，在与用户签订协议或者确认提供服务时，应当要求用户提供真实的身份信息。用户不提供真实身份信息的，网络运营者不得为其提供相关服务。

中国网络视听节目服务协会

在我国网络视频规制中，还有一种行为主体的参与。它们的话语权不算强大，且与政府、与视频服务商都保持着密切联系，但其本质仍独立于政府部门和服务商而存在。这一行为主体，即行业协会，其中最重要的是中国网络视听节目服务协会。国家网信办的官方网站上这样介绍这一协会："中国网络视听节目服务协会是我国网络视听节目服务领域唯一的国家级行业性组织，也是我国互联网领域规模最大的行业协会。"[①]

该协会会员涵盖从网络视听内容生产制作到发行传播的所有单位及商业公司，包括中央电视台等广电播出机构，人民网、新华网等国家级新闻宣传单位，腾讯、网易、优酷、爱奇艺等门户网站及视频网站，中影、光线等内容制作机构，甚至还包括中兴等技术服务商。该协会于2017年6月发布的《网络视听节目内容审核通则》，是目前网络视频内容审核参照的主要规定。

半官方性质的中国网络视听节目服务协会在网络视频业中的作用越发重要。它每年召开年会，发布行业相关报告，并邀请政府、业界、学界的代表相聚进行分享和研讨，以推动网络视频业的发展。

---

① 中国网络视听节目服务协会，2014，http://www.cac.gov.cn/2014-08/20/c_1112150056.htm。

在一般的互联网治理框架中地位突出的"国际组织",在中国网络视频治理框架中并没有明显作用。国际组织在一般治理框架中具有"促进多方协调、提供技术标准和案例参照"的功能。但中国的互联网治理坚持独立的网络主权,尤其在互联网传播内容涉及网络安全问题时,鲜少引入国际组织的参与。中国互联网法律规制的第一主题是"互联网主权与网络安全",除了版权、非法信息牟利等国际法公认的法律问题需要国际组织提供立法依托外,中国互联网的治理模式大都遵循自己的主张和考量,无需国际组织在其中发挥太多实质性作用。因而在网络视频治理的框架里,"国际组织"暂时并不是相关行为主体。

从观众到用户

网络视频的观众与传统影视观众相比,有两方面不同:

首先,网络视频的观众既是影视内容的观众,同时也是社交媒体的用户。因此他们每个人都是信息传播网络中的一个节点。他们的观看数据迅速被捕捉和分析,他们的评论、弹幕和转发分享,造成了社交化观看、病毒式传播的现象与特点。

第二,网络视频的观众,同时也可能是网络视频的生产者,在新兴的短视频和直播领域尤其如此。

所以,观众/用户与视频服务平台之间的关系,也远比观众和电视台/电影公司之间的关系要更为复杂。

观众和网络视频平台之间具有商业契约关系。观众成为视频服务商的用户,需要遵守服务商的一系列使用规定。而观众的消费行为,决定着服务商的盈利变现,因而服务商也必须考虑观众的需求和喜好，甚至部分服从和迎合观众的意愿。那些处于第一梯队的视频网站（爱奇艺、腾讯视频、优酷），有雄厚资金和海量资源支持，单个用户在行业巨头面前，不论是话语权还是制约手段都并不充分。

但是观众也有一些强力的反制武器，包括举报、抵制、起诉等。事实证明这些武器有时候是生效的，并能影响到市场竞争格局。如果说，"肖战粉丝举报AO3"事件体现了粉丝的举报力量，下面案例则清晰地展示出用户起诉也是一种行之有效的参与规制的手段。

自制网剧《庆余年》播出时，爱奇艺与腾讯视频因推出"超前点播"模式而备受争议。腾讯视频用户林某认为腾讯视频"超前付费点播"的模式侵害了自己作为会员的合法权益，故将其诉至广东省深圳市南山区人民法院。2020年8月，法院就此案作出一审判决，认定《腾讯超级影视VIP会员服务协议》部首及导言部分中的免责条款无效，腾讯公司需赔偿林某经济损失1500元，但驳回了原告的其他诉讼请求。①

四组行为主体间的权力关系

综上所述，在中国网络视频治理框架中，相关政府主管部门作为一组行为主体，占据了整个权力系统中的绝对优势地位。观众/用户、视频服务商互相制衡，发挥各自的作用。行业协会

---

① 中国知识产权资讯网，2020年8月14日，《用户起诉腾讯视频"付费超前点播"案一审宣判》，http://cn12330.cn/cipnews/news_content.aspx?newsId=124296。

被寄望于发挥行业自律和管理作用，目前也在逐步彰显其存在感，并发挥着越来越大的规制作用。

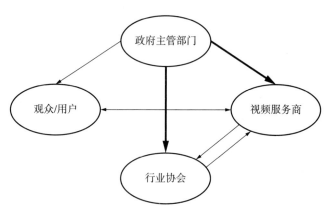

图 8-1 中国网络视频治理框架中的行为主体及权力关系

在图 8-1 中，箭头方向表示权力或影响施加的方向；箭头粗细表示权力或影响的强弱。

政府主管部门在现行治理框架中的主导地位显而易见。有研究者认为，在十余年的网络视频管理中，政府部门的行动趋势有二：一是从"拍脑门"到有法可依，逐步完善网络视频的法律规制建设；二是从管理混乱、职能交叉到高效集中、联合执法，归口和标准统一后，政府规制方式走向多元化（王长潇、位聪聪，2018）。

观众/用户、视频服务商、行业协会都在政府主管部门的引导和规制下，参与网络视频的制作生产与传播。如图所示，政府主管部门指向视频服务商、行业协会的箭头比指向观众用户的箭头更粗,这表示的是:在政府部门执法案例中,执法部门更多在约谈、问责、整顿视频服务商;政府主管部门不会直接追究到用户个人,除非其有明显触犯国家法律法规的行为,且社会影响较为恶劣。例如,在治理"直播与短视频中危害未成年人低俗信息"时,地方网信办会约谈视频平台负责人,而非直接处理相关违法违规用户。在约谈视频服务商后,服务商会去删除有关内容、关闭相关违法违规账户。

行业协会,由视频服务商作为重要协会成员,且受到国家相关政府部门的严格管理。《网络视听节目内容审核通则》虽由行业协会发布,但《通则》的核心内容与国家新闻出版广电总局之前规定的审核标准在基本原则上保持一致。而行业协会与用户/观众之间几乎没有直接互动。行业协会制定的规则,由服务商遵照和执行后,间接地影响了用户的网络视频消费和参与。

同时,行业协会制定的规则,其实贯彻了政府主管部门的意志,并得到政府主管部门的背书。无论是中国网络视听节目服务协会、中国互联网协会还是中国互联网诚信联盟,它们的成立本身就是由政府主导的,而不是互联网企业自发发起的。这些行业协会的规章制度,基本承袭着政府文件或非明文的规则,本身仍是政府意志的体现。即便行业协会由视频服务商作为重要成员,也不是完全自由地反映服务商的集体意志。

因而,行业协会不能与所有行为主体都产生有效的权力关系和互动行为。

政府部门治理实践中的问题

从我国网络视频治理最重要的行为主体——政府部门的层面来看，当前网络视频规制还存在两个较为明显的问题。

问题一：内容监管细节不明确、不稳定

不管是网络视频，还是传统影视，一些具体的拍摄"禁忌"很少被写入明文规定。有些"禁忌"是否能够突破，要看近期的"风声"。题材、演员、剧本，都有可能在事前审查阶段顺利通过，却在播出审查阶段因为"政策变动"而折戟沉沙。虽然各种法律条文中对禁止传播的信息有多项原则性的规定，但在具体实施层面，并没有明确、稳定、统一的标准，这为网络视频的制作、播放、管理带来了成本。

观众观看网络自制剧时，有时会抱怨剪辑混乱、剧情逻辑不通、演员口型对不上等等，进而质疑网络视听作品的制作水平。出现这些常见问题有时是因为制作方技艺不精，但也有可能是因为前后不一的审查标准，使得成片中某段话或某个剧情必须剪掉，而剧组解散了又不可能找演员补拍，只能通过剪辑勉强接上，或是通过重新配音瞒天过海。引进的海外剧，如果遭遇政策变动或触及雷点，也可能被强制下架，带来引进成本损失。例如，至今找不到对不涉及任何色情、暴力镜头的美剧《生活大爆炸》当年被下线的原因的官方解释。而与此同时，以"尺度大"著称的美剧《权力的游戏》却依然在线上播放。

近年来，政府主管部门多次强调网络视频内容审查要"线上线下统一标准""要坚持与广播电视节目同一标准、同一尺度，把好政治关、价值关、审美关，实行统筹管理"。这实际反映了政府部门对于内容监管标准统一化的不断改进。但审查标准的明确度与稳定性仍不足够。而政策的稳定性、透明度，是现代政府治理的要求，也是获得民众信任的重要保障。

问题二：政府部门权责太重、行政成本太大

从长期管理实践来看，我国网络视频管理的框架还存在重心失衡的问题。

在现存的管理实践框架中，绝大部分权力握在政府部门这一行为主体手中。行业协会虽然已经发挥了一些作用，但仍然不够。另外两方行为主体，网络视频服务提供商和用户，在管理问题上的参与感薄弱，权力感欠缺，倾向将自己看作"被管理"的对象，缺乏主体意识和责任感。从而，在这四方行为主体之间，并未能形成理想的分工协作与监督制衡机制。

在网络视频管理实践中，当然有必要强调党和政府的领导地位和指导权力。但是在多年来的改革开放过程中，也一直存在让政府部门适当放权，尤其在管理细节和具体事务上加强社会其他主体作用、共同参与建设的趋势。在实际工作中，如果政府部门将所有管理权力都集中在手中，其实也是同时将所有的管理责任都扛在了肩上；在当前从中央到地方政府精兵简政的大背景下，仅凭借有关处室人数不多的公务员，来制定政策、采取行动、应对问题，从人力、精力、脑力上恐怕都会有很大难度。但如果扩编人员，或者组建事业单位团队等，又可能带来更大的行政成本。

同时，权责过于集中，还可能增大其他行为主体的理解和共情的难度。视频网站在这种局面下，更多地是作为被动应对方，容易形成"被管理者""被监管者"的心态。政府部门常作为"消防队员"，在问题出现之后来"救火""救场"，偶有判断失准或过严过松，都可能激发批评。

网络视频服务提供商产业实践中的问题

问题三：忽视社会效益、管理能力不足、意识不够

网络视频服务提供商（简称视频服务商）的本质是企业，是市场竞争的主体，追逐商业利益是其天性；对于上市企业而言，为股东创造利润也是商业道德的重要原则。因此，对于网络视频服务商追逐商业利益，不应苛责，但同时也要清楚地认识这一特点及其产生的后果。

网络视频行业的视频内容，从产制主体来看大致有 PGC 和 UGC 两大类。无论是购买版权内容、自制视听节目，还是用户创造的长视频、短视频和直播，视频服务商都可能因为商业利益至上，而在产业实践中产生出一系列问题。

首先，视频服务商为了盈利，必须抢占市场，最大化吸引用户，增加用户黏度，这样才能获得更多广告收入；同时必须要提供尽可能迎合大众用户口味和喜好的视频内容，也兼顾各分众和小众群体的内容消费需要，充分调动其观看积极性，增

强其付费意愿,这样才能获得更多的用户点播及会员付费收入。提升用户活跃度、付费率、市场覆盖率、利润率等各方面数据,又能有效地吸引资本市场,提高公司市值。在这环环相扣的商业机器中,能吸引用户的内容就像石油一样,成为机器运转的关键能源。而当市场竞争白热化,各方面数据的增长趋缓,视频服务商会想尽办法尝试提供各种不违法的视频内容,也包括具有软色情、暴力、低俗等特点的内容,以最大化满足多元受众的多元需求,带来新增长。

其次,像B站这样以UGC长视频为主要内容源的网站,或者像抖音、快手这样的短视频服务提供商,再有如斗鱼、虎牙等直播服务提供商,其性质都更类似于内容平台而非内容生产者。不论是通过所谓的算法推荐,还是编辑人工推荐,又或让用户自行关注等,平台们仍然会对能带来流量和话题的热门内容及其生产者采取公开或不公开的扶持,更倾向于让流行的、为大多数用户欣赏的内容有更多曝光展示的机会。同时,对于一些小众甚至"打擦边球"的成人或低俗内容及其生产者,这些平台也保持宽容,如果不会触及监管红线,仍然允许其存在。而这些视频内容平台也并非都提供了行之有效的分级制度和手段,来确保未成年人无法接触到不应接触的内容。当然,像抖音等头部短视频服务商,提供了"儿童/青少年"模式的选项,开启后可以较为有效地从使用时间、时长、内容等方面进行未成年人保护。然而这在很大程度上需要用户的素养与自觉。

第三,对于平台上的UGC内容创作者而言,虽然其中部分人因为自己的内容创作劳动获得了一些报酬,但所得并不一定能匹配自己的付出和为平台创造的价值，更不用说绝大部分人还是在无偿劳动。就像学术界经常批判的那样，网络视频服务商出于商业利益的考量，其实是在系统化地、普遍化地占有着 UGC 内容创作者的劳动成果。从普通视频内容创作者到其中的"大 V""达人"，其实往往并没有足够的意识和能力来与视频服务商谈判，难以完全维护自己的利益。那么这种局面的解决，完全依靠市场即使不是不可能，那也将是个漫长的过程。

第四，随着电商直播的异军突起，近两年直播或短视频带货都成为非常吸引流量的内容，更不用说这种形式还能直接带来巨额的交易，直接变现。但问题也随之而来，对于商品质量的夸大甚至是不实宣传，对于消费主义价值观的过度炫耀，为了抬高个人或网站身价从而流量造假……这些问题纵然不能由视频服务商完全承担责任，但要说它们并不知情、十分无辜，那显然也是不对的。

第五，除却视频服务商出于商业利益至上的动机而产生的种种问题，即便其有意维护风清气正的网络空间，有意向用户和社会提供优质而向善的内容，但出于其企业架构、团队构成、技术实力等诸多前提，它们也未必就能完全胜任管理的重担。就以自制网络剧和自制综艺节目来说，尽管作为出资方的视频网站与作为制作方的专业团队，也已经被政府部门三令五申，强调过各种限制和导向，但具体落实到视频服务商的制作和审核人员，受限于意识和能力，也未必能执行到位。

网络视频用户参与产生的问题

问题四：UGC 内容良莠不齐

用户创造内容（UGC）作为一种网络视频内容生产模式，其本质就注定了所产生的内容总是良莠不齐、泥沙俱下的。理论上任何人都可以成为视频内容生产者，并且经由视频平台向所有人提供这些视频内容。那么 UGC 产生的网络视频当然折射着其生产者的认识水平、文化素质、道德水平和价值观，即使排除了其中明显违法、犯罪或不良的信息，仅比较剩下部分之中的优劣，还是差异巨大，有云泥之别。

但 UGC 模式不意味着无需把关和平台免责。尤其当视频平台显然在依赖这种生产模式来盈利，那么担负起相应的把关、审核乃至奖惩，于情于法都是应该的。只是如前所述，视频服务商不论是出于商业利益至上原则，或者是限于管理能力水平，未必总是可以充分有效地扮演好 UGC 把关人的角色。那么此时，UGC 模式所产生内容之中质量较低劣、价值观较低俗的，有可能与广大用户相遇，产生不良的社会影响。

同时，围绕其他内容生产模式所产生的网络视频环境中，用户的 UGC 行为仍然普遍存在，这也是网络视频相较传统视听具有强烈互动性的体现。从点击浏览，到评论、弹幕，到付费点播，这都是用户在网络上的行为，也创造了海量数据和内容。评论区和弹幕区是泥沙俱下的重灾区，由于用户在前台仍然表现为匿名，一些素质低下或心怀恶意的用户的发言或许并未达到违法程度，也没有什么明显的违禁关键词，但存在恶意、中伤、侮辱、低俗、挑衅等各种不良倾向。如果平台管理不到位，长此以往对于相应网络视频平台的社区氛围和品牌形象会出现"劣币驱逐良币"现象，造成损害。

问题五：不理性追星带来的扭曲粉圈价值观

最近几年，随着流行文化和娱乐产业中新形态偶像文化的兴起，网络视频领域也渐渐沾染了所谓的"粉圈"习气。凡是流量明星出演的网络影视、参加的网络综艺、开展的直播活动或发布的短视频，都会吸引来大群"粉丝"，对其大肆赞美、追捧、好评。粉丝带来的流量与热度，以及粉圈文化所习惯的"做数据""应该为偶像花钱"等行为和理念，都让视频服务商为之欣喜不已。

但是有粉丝，必有"黑粉"。"粉圈"的常见行为，除了追逐自己钟爱的明星，也包括以不同形式打压和攻击其他明星及其粉丝。这种似乎已司空见惯的网络行动，让本应求同存异、和谐共进的网络社区氛围被破坏，让原本只是不同文化口味偏好的群体之间的裂痕越来越深。更恶劣的是还裹挟着大量尚未完全树立正确价值观的未成年人，让其在寻得群体认同的想象中，彼此恶语相向、党同伐异。

所谓扭曲的粉圈价值观，是将自己的偶像捧到天上，认为其言行举止都值得赞美，其文艺作品更是举世无双，容不得任何人批评，批评就是充满恶意的诋毁；还要心甘情愿地付出时间、金钱和精力，去为偶像奉献，才"配"做爱豆的小粉丝。

这种为"爱"冲昏头脑、丧失理性的现象，无益于粉丝自身的健康成长和人生道路，也无益于网络视频乃至网络文艺的健康氛围与社会公益。即便在商言商，这也未必符合长远的商业利益。

建设多元主体共治的理想格局

我国网络视频行业能有今天的繁荣景象，各方行为主体的共同努力和治理功不可没。当然问题依然存在，甚至上文所列举的数条也并未穷尽。为了建设起有效的多元主体共治的理想格局，作者认为有必要针对网络视频，厘清现有法律法规、部门规章、规定办法之间的层级关系和适用范围，整合形成全面有效、简洁明晰的法律规章体系。在此基础上，进一步明确内容监管标准，由多行动主体共同参与并逐步形成相对稳定和透明的规范，强调共识和自律。

对于并不明显违法的视频内容、运营活动和用户行为，仍需要通过伦理道德加以约束和引导。强调基于公共利益的管理目标依旧重要，如保护未成年人、保护隐私、消除仇恨言论与极端分子言论、防止过度垄断、市场权力滥用与消费主义泛滥等。

对于法律难以直接约束的内容、活动和行为，需要建设起行之有效的评论机制，通过来自不同学科背景的专家学者的专业批评，引导社会和公众明辨是非，提高素养，提升品位，达成共识，鼓励健康优质的网络文艺作品。

当前对于网络视频内容与行业的报道和评论，存在许多公关性质的付费软文,许多粉丝式的吹捧赞美,也有一些行业数据的披露与分析,更有大量路人水准的感想感悟,但总体而言仍然缺乏高质量、高品位、批判意识强的文艺评论。这样的状况有待改善。

网络视频的管理规制,除了文化消费和大众娱乐的层面,也可归属到一个更宏大的主题下——互联网主权和安全。在全球化与反全球化争端上升、国家竞争酝酿升级、中国互联网企业出海遇到种种困境的当下,这一主题更显严肃与紧要。它也渐渐地成为未来互联网治理的大前提。网络时代,每个国家都需要有效的互联网管理和参与者引导;尤其是在维护网络安全、保护公民隐私、打击网络犯罪和加强非法内容管制的领域,政府的管理与规制是不可替代的。

然而,原则问题的权力集中与具体问题的权力分配,是社会治理实践中需要调节的一对关系。就网络视频管理领域而言,"治理的实质在于建立在市场原则、公共利益和认同之上的合作。它所拥有的管理机制依靠合作网络的权威,实现多元的、相互的权力向度。"(俞可平,2000)

如前所述,政府部门对于其他三个行为主体的影响都是单向箭头。单向的权力关系,使得指令压力不断聚集到执行层面的服务商与网民群体中;而难以探察自下而上的情绪发酵。这容易导致各行为主体之间的矛盾压力不断增大,最后以舆论爆发或团体利益受损的形式释放,而不是以管理框架内的有效信息循环沟通解决。

对于中国网络视频管理现状而言,网民的自我管理与行业自律远没有达到理想的多元主体参与的治理状态。作为现治理框架中的非权力集中行为体——行业协会、网络视频用户和网络视频服务商,如何从"消极应对"转变到自我管理?

对于行业协会而言,目前裹挟在商业公司与政府部门之间的现状一天不予改变,则一天不能发挥其独立的行业监督功能。这仍然是一组要在互联网服务商与政府部门之间进行平衡的权力关系。

对于服务商和用户,他们中的大多数已经有了参与互联网治理的意识和欲望,然而未经过社会治理实践的他们或许缺乏一些经验。除了政府部门之外,更合适的引导方法是从行为主体成员中选择合适的舆论领袖。以公共领域治理专家或网络理性意见领袖为用户的引导者;以具有实际治理功能的行业协会为视频服务商的引导者;引导两方行为主体积极和深入参与网络视频管理。

参考文献

宋迎法、张群,2018,《网络治理探究:溯源与展望》,《云南行政学院学报》第1期。

王长潇、位聪聪,2018,《乱象与回归:我国网络视频政府规制的现状、特点与发展》,《当代传播》第2期。

俞可平,2000,《治理与善治》,北京:社会科学文献出版社。

章晓英、苗伟山,2015,《互联网治理:概念、演变及建构》,《新闻与传播研究》第9期。

致　谢

我对互联网上的影视内容传播的关注，始于 2005 年对美剧《越狱》的观看。自 2009 年博士后研究开始，我将这一关注发展成对网络视听内容产制、传播与接受的学术兴趣。曾以为这只是影视传播新现象之一，未曾想网络视频发展为如此庞大的产业，对此前的传统影视业和互联网内容产业形成巨大挑战，并重塑了人们对闲暇时间的支配和青年流行文化的样貌。

我要感谢许多人。首先要感谢在这些年里接受我正式访谈和非正式交流的网络视频业的从业人员，她/他们来自优酷、56网、乐视、搜狐、爱奇艺、腾讯、抖音等。在行文中引用这些访谈时，我进行了匿名处理，以免受访者们遇上意料不到的麻烦，这也是出于对研究伦理的考量。我深深感激每一位受访者，感谢她/他们慷慨付出时间，和我分享从业心得，坦陈行业困境，加深我对很多问题的了解和理解。尽管我在行文中有对网络视频业实践的批判，但我希望在此表明我对从业人员开创性工作的尊敬。

我很幸运地能在博士后研究期间得到郭镇之教授的指导。她是中国第一位获得新闻学博士学位的女性，一位长期开展中外广播电视史研究的教授。她能肯定我在网络视频领域的思考与研究，也让我倍受鼓舞。

在清华大学执教十余年来，我时常得到尹鸿教授的指导和关怀，得到张小琴、雷建军、司若、梁君健等诸位教授的帮助和支持，并从与各位同仁的交流中获益良多。他们于我，亦师亦友，与我在影视传播领域携手前行。

本书的理论视角深深根植于传播政治经济学和批判文化研究。因此我要感谢李彬教授、柯林·斯巴克斯（Colin Sparks）教授曾经的教导。我也曾以"多友"的身份访问香港城市大学，有幸跟随李金铨教授行山读书，受益匪浅。

本书第二章中的部分内容，我曾在香港城市大学做过学术讲座，并因此得到过朱鸿军、周逵、陈经超的宝贵建议。

第四章基于我和王玥合作发表于《全球传媒学刊》的一篇论文。还记得当年在办公室里与她反复推敲中国玄幻剧的世界观与人物设定。当时她还在读大四，转眼间已在清华大学美术学院完成了硕士学业。祝她前程似锦。我也有幸受张蓝姗教授之邀，就此议题向北京邮电大学师生做过讲座。

第六章中的内容，受益于我在2019年通过跨校合作对抖音平台上的创作者进行的研究。其中基于大规模问卷调查与数据分析的研究成果，已写成论文发表在《新闻与传播研究》2020年第6期。本章则主要呈现了通过深度访谈所得到的结果。感谢与我合作开展本研究的冯应谦教授、何威副教授、丁妮博士；

也要感谢担任访员的北京师范大学的刘维伊、李佳倩、刘梅、金赫棋同学以及清华大学的芮钰雅、刘宣伯同学。

感谢我在清华大学新闻与传播学院的研究生吴珏、马越然、芮钰雅、刘宣伯、孙振楠、张晏慧和清华大学教研院的博士生丁若曦的相关助研工作。孙振楠与丁若曦协助搜集整理了国内网络视频研究的文献。第三章中关于"原生广告"定义和"创意中插"分类的内容,也受益于我与孙振楠的讨论。第五章对甜宠剧的分析,采用了吴珏对"今日头条"平台上甜宠资讯数据挖掘的结果;我和她曾讨论过国产偶像剧男主角的男性气质变迁、甜宠剧男主角创业者品格及家庭叙事等内容,这也启发了本章的相关阐述。丁若曦协助整理了网络视频管理的政策与规定,制作了网络视频行业准入表格,与我进行了多次讨论,为第七章和第八章的写作提供了重要参考。非常感谢这些优秀的清华大学研究生。当然,本书中的一切文字都由本人负责。

特别感谢顾晓清女士对我的信任与支持。她得知本书的议题和框架后,展现出浓厚的兴趣,并有技巧地催促我写完本书。

最后感谢我的家庭。感谢女儿以旺盛的精力令我的时光永不枯燥,如果没有她,本书一定可以更早几个月面世。她常饶有兴致地检阅我的论文,给予一个非专业读者的宝贵肯定。感谢妈妈经常做很多好吃的食物,填饱我的胃,熨帖我的心。感谢爸爸常向我提供一个财务专家对于企业运作和行业发展的洞识。感谢亲爱的何威——我的第一读者、最挑剔的学术评阅人、最暖心的激励师、手冲咖啡师、家庭专属游戏主播。学术道路何其艰辛,但有你相伴,又是多么有趣。